DANMARK OG ANTIKKEN 1968-1979

ANTIKKEN I DANMARK
Bind 2

Skriftserien bringer større dansksprogede bidrag af bibliografisk, dokumentarisk, historisk, eller kritisk-analytisk karakter, omhandlende antikkens og oldtidsstudiernes betydning og vilkår i dansk kulturliv, undervisning og forskning.

Redaktion: Ivan Boserup.

Tidligere udkom:

1. Latin – et skoleeksempel. Et dokumentarisk tværsnit af debatten og lovgivningen om skolens latinundervisning 1977-1979. Redigeret af Ulf Hamilton Clausen. 1979. – Udsolgt.

DANMARK OG ANTIKKEN 1968-1979

En bibliografi over 12 års dansksproget litteratur om den klassiske oldtid

Af Birgit Juul Kristensen
og Joan Majlund Kristensen

Museum Tusculanums Forlag
København 1982

ISSN 0107-8070
ISBN 8788073211

Trykt som manuskript
Copyright Museum Tusculanums Forlag 1982
Trykt i Special-Trykkeriet a-s Viborg

FORORD.

"Danmark og antikken 1968-1979" er en omarbejdelse af en hovedopgave, som vi afleverede ved Danmarks Biblioteksskole i foråret 1980. Bibliografien er blevet udarbejdet på opfordring af Klassikerforeningens daværende formand, Henrik Bolt-Jørgensen og er, trods en ændret systematik, et supplement til "Danmark og Antiken. 2. udg. ved Kjeld Elkjær og Georg Mondrup.", som udkom i 1968.

Da det lige fra arbejdets start har været meningen, at opgaven skulle publiceres, har vi under hele udarbejdelsen haft kontakt med Ivan Boserup, fagreferent inden for klassisk filologi på Det Kongelige Bibliotek. Han har været os en uvurderlig støtte under udarbejdelsen af bibliografien.

Det var naturligt, at vi også kontaktede Kjeld Elkjær, som har været med til at udarbejde både 1. og 2. udgaven af "Danmark og Antiken". Han og Georg Mondrup havde forinden, på en henvendelse fra Henrik Bolt-Jørgensen, støttet ideen om at lade os ajourføre "Danmark og Antiken".

Vi har overalt mødt en utrolig velvilje og hjælpsomhed og skylder disse mennesker megen tak.

Birgit Juul Kristensen
Joan Majlund Kristensen

INDHOLDSFORTEGNELSE

Forord   5
Indholdsfortegnelse   7
Introduktion   9
Forkortelser og tegn 12
Tidsskriftfortegnelse 13

Generalia (1-10) 20
   Bibliografier (1-2) 20
   Leksika (3) 20
   Tidsskrifter (4-10) 21
Antikke forfattere (11-375) 23
   Antologier (11-104) 23
   Enkelte forfattere (105-375) 39
Epigrafik (376-388) 93
   Græsk (376-384) 93
   Romersk (385-388) 94
Papyrologi, boghistorie, scholier m.v. (389-394) . 96
Sprog (395-452) 97
   Græsk (402-411) 98
      Ordbøger (402) 98
      Grammatik (403-405) 98
      Syntaks (406-409) 98
      Lærebøger (410-411) 99
   Latin (412-450) 100
      Ordbøger (412-414) 100
      Grammatik (415-430) 100
      Syntaks (431-433) 103
      Lærebøger (434-450) 103
   Andre oldtidssprog (451-452) 107
Metrik og musik (453-454) 108
Litteraturhistorie (455-496) 109
   Græsk (476-487) 113
   Latin (488-496) 115

Historie (497-487) 117
    Generel, politisk (497-530) 117
    Konstitutionel, administrativ, juridisk
       (531-533) 125
    Social, økonomisk, kulturel (534-572) . . . 125
  Grækenland (573-624) 133
    Generel, politisk (573-593) 133
    Konstitutionel, administrativ, juridisk
       (594-603) 137
    Social, økonomisk, kulturel (604-624) . . . 139
  Rom (625-723) 143
    Generel, politisk (625-664) 143
    Konstitutionel, administrativ, juridisk
       (665-677) 150
    Social, økonomisk, kulturel (678-714) . . . 152
    Kristenforfølgelser (715-723) 159
Topografi (724-815) 162
  Enkelte lokaliteter (738-815) 164
Kunst og arkæologi (816-956) 179
  Arkitektur (842-859) 184
  Skulptur (860-888) 187
  Vaser og anden kunstindustri (889-909) 192
  Numismatik (910-947) 195
  Danske museer (948-956) 200
    Udstillinger m.v. (948-952) 200
    Enkelte museers kataloger (953-956) 201
Religion og mytologi (957-996) 203
Filosofi (997-1032) 211
Videnskab og teknologi (1033-1050) 218
  Medicin (1045-1050) 220

Personregister 223
Stikordsregister som supplement til systematikken 251

INTRODUKTION.

Foreliggende fagbibliografi er et supplement til "Danmark og Antiken : bibliografi over danske hjælpemidler til studiet af den klassiske oldtid. - 2. udg. / ved Kjeld Elkjær og Georg Mondrup. - Gyldendal, 1968." Den dækker perioden 1968-1979 incl.

Emneafgrænsning. Emneafgrænsningen følger i store træk udgaven fra 1968, idet der medtages litteratur om den græsk-romerske oldtid indtil romerrigets fald omkring slutningen af det 5. årh. e.kr. skrevet på og oversat til dansk. Hertil regner vi også den kretisk-mykenske og den etruskiske kultur. Der er tilstræbt fuldstændighed i registreringen, idet såvel Dansk Bogfortegnelse som Dansk Tidsskrift Index (fra 1979 Dansk Artikelindeks) er gennemsøgt for relevant materiale inden for den angivne periode.

Alle bearbejdelser af den græsk-romerske litteratur medtages, f.eks. oversættelser, paralleloversættelser og originaltekster med kommentarer. De stencilerede oversættelser fra forlaget Alati, som "Danmark og Antiken" helt har udeladt, bliver registreret her.

Vi afviger fra "Danmark og Antiken"s emneafgrænsning ved at tage den del af oldkirkens historie med, som omhandler konfrontationen mellem den romerske statsmagt og de første kristne. Ligeledes medtages også historiske kort.

Børnebøger og lærebøger under gymnasieniveau medtages ikke, bortset fra lærebøger i latin.

Nye udgaver og oplag af materiale, der er registreret i "Danmark og Antiken", medtages, ligesom litteratur fra før 1968, som vi tilfældigt er stødt på og som ikke er medtaget i "Danmark og Antiken", registreres. Sidstnævnte er ikke skilt ud men indarbejdet i supplementet.

Selvstændige bibliografier inden for emnet medtages og placeres så vidt muligt inden for de enkelte områder, ellers er de placeret i generalia-afsnittet.

Publikationsformer. Der er medtaget bøger, dele af bøger og tidsskriftartikler. AV-materiale registreres ikke, men er det knyttet til bogligt materiale, nævnes det i en note. Avisartikler medtages heller ikke.

Dele af bøger er fastsat til at skulle være mindst 3 store eller 5 små sider med en samlet fremstilling af forhold i antikken.

Alt er så vidt muligt primærregistreret, men i de tilfælde, hvor det ikke har kunnet lade sig gøre, er det markeret med en stjerne i venstre margen.

Udformning af indførslerne. Indførslerne er udformet efter de anglo-amerikanske katalogiseringsregler med enkelte modifikationer. Forlagets hjemsted er således udeladt, og beskrivelsen af monografier afsluttes med en parentes, hvor decimalklassemærket fra Dansk Bogfortegnelse er anført. (Bemærk, at litteraturen er klassificeret efter de på udgivelsestidspunktet gældende udgaver af decimalklassedelingen).

For dele af bøger er følgende regler fulgt:
1. Et selvstændigt afsnit beskrives principielt som en tidsskriftartikel, dog uden at gentage forfatternavnet, hvis han/hun er forfatter til hele bogen.
2. Ved afsnit uden egentlig overskrift laves en indførsel på hele bogen og i en note skrives: Om antikken s. x-xx.
3. 2 kan varieres, såfremt det/de relevante afsnit har en kort overskrift. Så remses disse op i stedet for som en note med sidehenvisning(er)(f.eks. Kreta, Minos' ø. Mykene, guders og heroers hjem. Etruskernes mystiske verden: s. 97-121, 130-143.).

De enkelte periodicaartikler indføres under artiklens forfatter, efterfulgt af dens titel, sidetal i tidsskriftet og i hvilket tidsskrift artiklen findes.

Ved de enkelte indførsler er der noter, der giver oplysninger om årstal for 1.udgaven, bibliografi indeholdt i værket/artiklen, forklaring til uigennemskuelig titel, oplysninger om resumé (dvs. redaktionelle noter), og desuden henvisninger til anmeldelser.

Større anmeldelser på dansk af udenlandske værker, der ikke er oversat, indføres selvstændigt under anmelderens navn. Specialeresuméer indføres på samme måde.

Systematik. Systematikken følger stort set den Peter Allan Hansen har benyttet i sin bibliografi "A Bibliography of Danish Contributions to Classical Scholarship from the Sixteenth Century to 1970. - Rosenkilde og Bagger, 1977".

Opstillingen fremgår af indholdsfortegnelsen, og til uddybning af systematikken er der forklarende noter til indledning af flere af afsnittene. Princippet med en kronologisk ordning inden for de enkelte grupper er fraveget, da vi ikke mener, at det er hensigtsmæssigt inden for så kort en årrække (12 år). I stedet har vi valgt en alfabetisk ordning.

Vi har forsøgt at begrænse antallet af henvisninger i systematikken. I de tilfælde, hvor et værk eller en artikel indeholder ting af eller om flere personer, vil man blive henvist til den pågældende indførsel via registrene.

Bibliografien afsluttes med to registre: et personregister og et stikordsregister.

Personregistret. Det medtager forfattere, redaktører, illustratorer, oversættere, - kort sagt alle, der er nævnt i indførslerne og som er implicerede i et værks tilblivelse. Via dette register henvises til værker _af_ antikke forfattere.

Stikordsregistret. Fra stikordsregistret henvises til værker _om_ antikke forfattere. Desuden medtages titler på antikke værker. Stikord, der er meget brede (f.eks. Hellas, verdenshistorie, kulturhistorie) og ord, der indgår i en overskrift i systematikken, medtages ikke i registret (medmindre der henvises til andre grupper), og derfor er der ikke stikord til alle indførslerne. Stikordsregistret skal blot virke som en idégiver til, hvor man evt. _også_ kan finde noget om det emne, man er interesseret i. Systematikken skal fungere som den primære indgangskilde til bibliografien. Hvis der ikke har været et betydende substantiv i titlen, har vi i enkelte tilfælde substantiveret et andet ord, hvor vi har fundet det rimeligt i forhold til indholdet, og iøvrigt er der taget stikord både fra titel og noter.

FORKORTELSER OG TEGN.

anm.	=	anmeldelse, anmeldt
bd.	=	bind
bearb.	=	bearbejdelse, bearbejdet
bl.	=	blad(e)
cop.	=	copyright
dvs.	=	det vil sige
e.kr.	=	efter Kristus
[et al.]	=	et alii (med flere, dvs. flere end tre ophavsmænd)
f.kr.	=	før Kristus
fig.	=	figur(er)
fork.	=	forkortede, forkortet
hft.	=	hæfte
[i.e.]	=	id est (dvs.)
ill.	=	illustrationer, illustreret
kap.	=	kapitel
litt.fort.	=	litteraturfortegnelse
nr.	=	nummer
nyrev.	=	nyreviderede, nyrevideret
omarb.	=	omarbejdede, omarbejdet
opl.	=	oplag
pag.	=	paginering(er)
pl.	=	planche(r)
red.	=	redaktionel, redaktør, redigeret
reg.	=	register
rev.	=	reviderede, revideret
rk.	=	række
s.	=	side(r)
samarb.	=	samarbejde
ser.	=	serie
sp.	=	spalte(r)
tav.	=	tavle(r)
[u.å.]	=	uden årstal
udarb.	=	udarbejdet
udg.	=	udgave, udgivet
udv.	=	udvidede, udvidet
upag.	=	upaginerede
årg.	=	årgang

* Værket eller artiklen er ikke primærregistreret.
[ ] Oplysningen er hentet uden for primærkilden.

TIDSSKRIFTFORTEGNELSE.

A+B. Arkitektur og Billedkunst. - 1966-1970. - (70.5)
Tidligere med titlerne Billedkunst og Arkitektur og Billedkunst.

AGORA. se 4.

ALMANAK. Nutid og fortid i ord og billeder. - 1966-1970. - (05.6)

ARKITEKTEN. Meddelelser fra Danske Arkitekters Landsforbund. -
1901-   . - 26 nr. - (71.05)

BOGENS VERDEN. Tidsskrift for dansk biblioteksvæsen / udg. af
Danmarks Biblioteksforening. - 1918-   . - 10-12 nr. - (02.05)
Også med titlen bv.

BOGVENNEN / udg. af Foreningen for Boghaandværk. - 1893-   . -
9 nr. - (00.05)

CONVIVIUM. Årsskrift for humaniora, kunst og forskning. - 1976-
. - 1 nr. - (05.6)

DANMARKS RADIO. ÅRBOG. - 1960-   . - 1 nr. - (37.83)
Også med titlen DR. Årbog.
Heri indgår Beretning vedrørende Danmarks Radios Virksomhed i
finansåret ...
Afløser Radio-TV.

DANMARKSPOSTEN / udg. af Foreningen Dansk Samvirke. - 1920-
6 nr. - (46.05)

DANSK DENDROLOGISK ÅRSSKRIFT / udg. af Dansk Dendrologisk Forening
. - 1950-   . - (57.0805)

DANSK INDUSTRI / udg. af Industrirådet. - 1972-   . - 12 nr. -
(33.1905)
Afløser Tidsskrift for Industri.

DANSK PÆDAGOGISK TIDSSKRIFT / udg. af Danmarks socialpædagogiske
Forening og Det pædagogiske Selskab. - 1953- . - 9 nr. - (37.05)

DANSK TEOLOGISK TIDSSKRIFT. - 1938- . - 4 nr. - (20.5)

DANSK UDSYN. Tidsskrift for kulturhistorisk, litterær og social
oplysning / udg. af Askov Højskole. - 1921- . - 6 nr. - (05.6)

DANSK VEJTIDSSKRIFT / udg. af Amtsvejinspektørforeningen i Danmark. - 1924- . - 12 nr. - (69.6105)

DANSKE STUDIER / udg. af Aage Hansen og Erik Dal under medvirken
af Niels Martin Jensen. - 1904- . - 1 nr. - (80.5)
Fortsættelse af Dania.

EDDA. Nordisk tidsskrift for litteraturforskning. Scandinavian
journal of literary research. - 1914- . - 6 nr. - (80.5)

ENOTRIA. Nordisk Tidsskrift om Italien. - 1969-1974. - 4 nr. -
(47.505)

EXIL. Tidsskrift for tekstteori. - 1965-1976. - 4 nr. - (19.0105,
80.105, 89.05)

EXTRACTA. Resumeer af specialeopgaver fra det Filosofiske Fakultet
ved Københavns Universitet. - 1968-1972. - (05.6)

FARMACEUTISK TIDENDE / udg. af Dansk Farmaceutforening. - 1894-
. - 52 nr. (61.5505)
Med omslagstitel FT.

FUND OG FORSKNING. Fund og forskning i Det kongelige Bibliotek. -
1954- . - (00.05, 81.605)

GEOGRAFISK TIDSSKRIFT / udg. af Det Kongelige Danske Geografiske
Selskab. - 1877- . - 1-2 nr. - (40.5)

GYMNASIESKOLEN. Medlemsblad for Gymnasieskolernes Lærerforening. -
1916- . - 24 nr. - (37. 3905)

HIKUIN / udg. af Yngre Arkæologer og Etnografer på Moesgård. -
1974-   . - (59.505, 91.1505, 96.1505)

HISTORIEVIDENSKAB. Tidsskrift for historisk forskning. - 1974-
. - 4 nr. - (90.5, 30.5)

HISTORIEVIDENSKAB'S SKRIFTRÆKKE. - 1975-   . - (90.5, 96.05)

HISTORISK TIDSSKRIFT / udg. af Den Danske Historiske Forening. -
1840-   . - 2 nr. - (96)

HRYMFAXE. Folkeligt kunsttidsskrift. - 1971-   . - 4 nr. - (70.5)

HØJSKOLEBLADET. Tidsskrift for politik, litteratur, kunst, skole,
kirke. - 1876-   . - ca. 50 nr. - (05.6, 37.4105)

INGENIØREN / udg. af Dansk Ingeniørforening. - 1970-1975. -
(60.605)

INGENIØREN / udg. af Dansk Ingeniørforening og Ingeniørsammenslut-
ningen. - 1975-   . - 52 nr. - (60.5)
Sammenlægning af Ingeniør og Bygningsvæsen og Ingeniørens Ugeblad.

INGENIØRENS UGEBLAD / udg. af Dansk Ingeniørforening. - 1957-1975
. - 52 nr. - (60.5)
Fortsættes i Ingeniøren.

JURISTEN & ØKONOMEN / udg. af Danmarks Jurist- og Økonomforbund. -
1919 og 1954 (med titlerne Juristen og Danske Økonomer)-   . -
31 nr. - (33.05, 34.05)

DEN JYSKE HISTORIKER. Historieteoretisk tidsskrift / udg. af
Historisk Institut, Aarhus Universitet. - 1969-   . - 4 nr. -
(90.705, 90.5)

KIERKEGAARDIANA / udg. af Søren Kierkegaard Selskabet. - 1955-
. - (99.4, 10.9605)

KIRKENS VERDEN / udg. af Kristeligt Dagblads Forlag. - 1959-1972
. - (20.5)

KONTAKTSTENCIL. Organ for Nordiske Arkæologistuderende. - 1970-
. - (90.7205)

KRIGSHISTORISK TIDSSKRIFT / udg. af Det militære Læseselskab,
Rendsborg. - 1965-   . - (90.5)

KRITIK. Tidsskrift for litteratur forskning undervisning. -
1967-   . - 4 nr. - (80.5)

KRITISKE HISTORIKERE. - 1973-   . - 4 nr. - (90.5, 90.705)

KULTUR & KLASSE. - 1967-   . - 4 nr. - (80.5, 32.1605)
Også med titlen Tidsskriftet Kultur og Klasse.
Fortsættelse af Poetik.

KUML. Årbog for Jysk Arkæologisk Selskab. - 1951-   . - 1 nr. -
(91.1505, 90.5)

KUNST. - 1953-1971. - (70.5)

KUNSTMUSEETS ÅRSSKRIFT. - 1914-   . - (7o.905, 70.9605, 70.8605)

KVINDENS HVEM HVAD HVOR. - 1951-   . - 1 nr. - (32.505, 64.05)

LOUISIANA REVY / udg. af Louisiana, Humlebæk. - 1960-   . -
4 nr. - (70.5)

LUMEN. Katolsk teologisk tidsskrift. - 1957-1977. - 3 nr. - (28.205)

MARINEHISTORISK TIDSSKRIFT / udg. af Marinehistorisk Selskab, Selskabet Fregatten Jyllands Venner og Selskabet Orlogsmuseets Venner
. - 1967-   . - 4 nr. - (35.5405)

MEDDELELSER FRA NY CARLSBERG GLYPTOTEK. - 1944-   . - 1 nr. -
(70.8605, 70.905)

MEDICINSK FORUM / udg. af MEFA. Foreningen af Danske Medicinfa-
brikker. - 1948-   . - 6 nr. - (61.05)

MILITÆRT TIDSSKRIFT / udg. af Det Krigsvidenskabelige Selskab. -
1871-   . - 12 nr. - (35.505)

MUSEUM TUSCULANUM. se 6.

MUSEUMSMAGASINET / udg. af Museumstjenesten for Statens Museums-
nævn. - 1977-   . - 4 nr. - (06.605)
Heri er indlagt Meddelelser fra Danmarks Museer.

MØNTSAMLERNYT. Skandinaviske møntsamleres tidsskrift / udg. af
Nyt Presse Bureau. - 1975-   . - 10 nr. - (90.8805)

MØNTÅRBOGEN. - 1976-1977. - (90.88)

NATIONALMUSEETS ARBEJDSMARK / udg. af Nationalmuseet. - 1928-
. - 1 nr. - (05.6, 06.605)

NATIONALØKONOMISK TIDSSKRIFT / udg. af Nationaløkonomisk Forening
. - 1873-   . - 3-6 nr. - (33.05)

NATURENS VERDEN. - 1917-   . - 12 nr. - (50.5)

NORDISK NUMISMATISK UNIONS MEDLEMSBLAD / udg. af Dansk Numismatisk
Forening, Norsk Numismatisk Forening m.m. - 1916-   . - 8-10 nr. -
(90.8805)

NORDISK TIDSSKRIFT FOR TALE OG STEMME. - 1936-1974. - 3 nr. -
(61.27805)

NYT FRA NATIONALMUSEET. - 1978-   . - 4 nr. - (06.605)

PERSPEKTIV. - 1953-1969. - 8 nr. - (05.6)

PRÆSTEFORENINGENS BLAD. - 1911- . - 49 nr. - (26.205)

ROSTRA. se 8.

RØDDING HØJSKOLE. Aarsskrift for Rødding Højskoles Elevforening
. - 1921- . - (37.414)

SAMVIRKE / udg. af Fællesforeningen for Danmarks Brugsforeninger
. - 1928- . - 22nr. - (05.6, 33.4305)

SFINX. se 9.

SKALK. Nyt om gammelt. - 1957- . - 6 nr. - (90.5, 96.05)

STADS- OG HAVNEINGENIØREN. Tidsskrift for kommunalteknik / udg.
af Stadsingeniørforeningen. - 1911- . - 12 nr. - (69.05)

SYMPOSION: Tidsskrift for filosofi / udg. af den filosofiske forening "Symposion", Odense Universitet. - 1968- . - ca. 4 nr. -
(10.5)

TANDLÆGEBLADET. Dansk Tandlægeforenings medlemsblad. - 1897- . -
24 nr. - (61.805)

TIDENS IDRÆT. - 1951-1970. - (79.605)

TIDENS SKOLE. Den danske realskole / udg. af Danmarks Realskoleforening. - 1899- . - 22 nr. - (37.36305)
Fortsættelse af Den Danske Realskole.

TIDSSKRIFT FOR INDUSTRI. Organ for Industriraadet / udg. af Danmarks Industriforening. - 1900-1971. - (60.5)
Afløst af Dansk Industri.

TIDSSKRIFT FOR LEGEMSØVELSER / udg. af Dansk Idrætslærerforening
. - 1936- . - 5-6 nr. - (37.1479505)

1066. Tidsskrift for historisk forskning. - 1971- . - 8 nr. -
(90.705)

UGESKRIFT FOR LÆGER / udg. af Den almindelige danske Lægeforening. - 1839-   . - 52 nr. - (61.05)
Heri indgår Yngre Læger.
Følgeblad hertil Meddelelser fra DMS og Fra Sundhedsstyrelsen.

VINDROSEN. - 1954-1973. - 5 nr. - (80.5)

VOR VIDEN. Forskning og fremskridt.   Verden i dag og i morgen
. - 1949-1973. - (05.6)

VOX POPULI. se 10.

AARBØGER FOR NORDISK OLDKYNDIGHED OG HISTORIE / udg. af Det Kongelige Nordiske Oldskriftselskab. - 1866-   . - 1 nr. - (95.05, 91.1505)

GENERALIA.

Bibliografier, der omhandler et delemne, er placeret under det pågældende emne.

Bibliografier.

1. ELKJÆR, KJELD og PER KRARUP: Danmark og antiken : Bibliografi over danske hjælpemidler til studiet af den klassiske oldtid. - 2. udg. / ved Kjeld Elkjær og Georg Mondrup. - Klassikerforeningen : Gyldendal, 1968. - 139 s. - (01.6914)

    1. udg. 1947.
    Anm. s. 1112 i Gymnasieskolen 1969, 52. årg., nr. 19 af Ole Balslev.

2. HASTRUP, THURE: Antik kultur. - Gad, 1969. - 2 bd. - (91.4)

    Bd. 1: Hellas. - 31 s. - (Studievejledninger / udg. af Udvalget for Folkeoplysningens Fremme i samarbejde med Folkeuniversitetsudvalget; nr. 2)
    Bd. 2: Rom. - 41 s. - (Studievejledninger / udg. af Udvalget for Folkeoplysningens Fremme i samarbejde med Folkeuniversitetsudvalget; nr. 3)

Leksika.

3. MØLLER, PER STIG, PREBEN HASSELBALCH og JENS WINTHER: Antikleksikon. - Stig Vendelkær, 1970. - 248 s. - (91.4)

    Anm. s. 1400-1401 i Gymnasieskolen 1970, 53. årg., nr. 23 af Ole Balslev.

Tidsskrifter.
4. AGORA / udg. af Institut for Oldtids- og Middelalderforskning, Århus Universitet. - nr. 1- . - 1979- . - 8 nr. - (89.105)

   Fortsættelse af 10.

5. KLASSIKERFORENINGENS MEDDELELSER / udg. af Klassikerforeningen. - 196?- . - uregelmæssig.

   Ikke indekseret.

6. MUSEUM TUSCULANUM / udg. for Tusculum, Forening for Græsk- og Latinstuderende ved Københavns Universitet, og Københavns Universitets Institut for Klassisk Filologi (IKF). - nr. 1- . - 1967- . - 4 nr. - (91.405, 91.305)

7. NYT FRA HISTORIEN / udg. af Jysk Selskab for Historie. - 1950- . - 4 nr. - (90.5)

   Anmeldelsestidsskrift, som ikke er gennemgået, da anmeldelserne er meget små.

8. ROSTRA : tidsskrift for latinundervisning. - 1973- . - 4 nr. - (37.14891505)

   Fortsættelse af Societas Latina.

9. SFINX / udg. af Orbis Terrarum. - 1977/78- . - 4 nr. - (91.205, 90.105)

   Også med titlen Tidsskriftet Sfinx.
   Enkelte små anm. i 1979, nr. 4.
   Anm. s. 1069-1070 i Ugeskrift for Læger 1978, 140. årg., nr. 18 af Johs Nielsen.

10. VOX POPULI / udg. af Institut for Oldtids- og Middelalder-
    forskning, Aarhus Universitet. - nr. 1-   . - 1972-1978. -
    (89.105)

    Fortsættes som 4.

ANTIKKE FORFATTERE.

Inddelt i antologier og enkelte forfattere.

Antologier defineres som et værk med tekster af to eller flere antikke forfattere. Læsebøger med grammatiske behandlinger er placeret i sproggrupperne.

Under den enkelte forfatter er opstillingen følgende: de enkelte værker med behandlinger opstillet alfabetisk efter værkets latinske titel, derefter samlede og blandede skrifter og behandlinger og endelig generel litteratur om forfatteren og hans værker.

Litteratur om flere antikke forfattere er placeret under den først nævnte, og der er henvisninger fra stikordsregistret til den/de øvrige.

Ved antologier med bidrag fra mere end tyve forfattere nævnes disse ikke i noten.

Alati-oversættelser og Lector's oversættelser er opstillet numerisk under serien.

Antologier.

    Alati.
11.   CATUL: Digte : romersk poesi. - Alati, [1958]. - 5 s. - (Oversættelse; nr. 1). - (88.2)

12.   CATUL: Digte : romersk poesi : nr. I,II,VII,XI,XII,XIV, XXII,XXX,XXXIV,XLIII,XLV,XLVI,LI,LXXII,LXXIII,LXXVI,LXXIX, LXXXIV,XCIII,CI,CIX. - Alati, [1968]. - 8 s. - (Oversættelse; nr. 1A). - (88.2)

13.   [CICERO]: Første tale mod Catilina holdt i senatet. - Alati, [1958]. - 11 s. - (Oversættelse; nr. 2). - (88.2)

14.   CICERO, M. TULLIUS: Anden tale mod Catilina til borgerne. - Alati, [1964]. - 10 s. - (Oversættelse; nr. 2A). - (88.2)

15. [CICERO] : Marcus Tullius Ciceros tredie tale mod Catilina
     til borgerne. - Alati, [1958]. - 10 s. - (Oversættelse;
     nr. 3). - (88.2)

16. CICERO: M. Tullius Ciceros fjerde tale mod Catilina i se-
     natet. - Alati, [1964]. - 10 s. - (Oversættelse; nr. 3A)
     . - (88.2)

17. CICERO, MARCUS TULLIUS: Tale for Milo ; Anden "Philippiske"
     tale (mod Antonius). LIVIUS: Ciceros død (120. bog). -
     Alati, [u.å.] . - 12 s. - (Oversættelse; nr. 3B). - (88.2)

18. [CICERO]: Marcus Tullius Ciceros tale for Sextus Roscius
     fra Ameria : cap. 1-91. - Alati, [1958]. - 24 s. - (Over-
     sættelse; nr. 4). - (88.2)

     Hft. 1.

19. CICERO: Marcus Tullius Ciceros tale for Sextus Roscius fra
     Ameria : cap. 92-154. - Alati, [1967]. - 19 s. - (Oversæt-
     telse; nr. 4A). - (88.2)

     Hft. 2.

20. [CICERO]: Marcus Tullius Ciceros tale mod Verres : IV. bog,
     cap. 1-16, 27-95, 105-115. V. bog, cap. 25-31, 158-162. -
     Alati, [1958]. - 38 s. - (Oversættelse; nr. 5). - (88.2)

21. CICERO: Ciceros taler m.v. - Alati, [1967]. - 24 s. -
     (Oversættelse; nr. 5A). - (88.2)

22.   CICERO, MARCUS TULLIUS: Tale til borgerne om Gnæus Pompeius'
      overkommando. - Alati, [1958]. - 14 s. - (Oversættelse;
      nr. 6). - (88.2)

23.   CICERO: De re publica. - Alati. - (88.2)

      Første bog: [1965]. - 21 s. - (Oversættelse; nr. 6A)
      Anden bog: [1966]. - 10 s. - (Oversættelse; nr. 6B)
      Uddrag af 3' og 5' bog, 6' bog (Scipios drøm): [1965]. -
      10 s. - (Oversættelse; nr. 6C)

24.   CICERO, MARCUS TULLIUS: Om lovene ; Om pligterne. - Alati,
      [1965]. - 12 s. - (Oversættelse; nr. 6D). - (88.2)

25.   CICERO: udvalgte stykker af Cato den ældre (holder foredrag)
      om alderdommen. - Alati, [1968]. - 14 s. - (Oversættelse;
      nr. 6E). - (88.2)

26.   CICERO: Statsmandens pligter i krig og fred. - Alati, [1968]
      . - 14 s. - (Oversættelse; nr. 6F). - (88.2)

      Indeholder også to digte af (Albius) Tibul(lus). Fire digte
      af (Sextus) Propert(iu)s. Plinius og Trajan: breve.

27.   CICERO: Ciceros taler i udvalg. - Alati, [1972]. - (88.2)

      1. del: 30 s. - (Oversættelse; nr. 6G)
      2. del: s. 31-59. - (Oversættelse; nr. 6H)

28.   CÆSAR: Cæsars borgerkrig i udvalg. - Alati. - (88.2)

      Hft. 1: [1958]. - 13 s. - (Oversættelse; nr. 7)
      Hft. 2: [1966]. - 12 s. - (Oversættelse; nr. 7A)
      3. bog: [1966]. - 17 s. - (Oversættelse; nr. 7B)

29. CÆSAR, C. JULIUS: De bello civili i udvalg. - Alati, [1972]
. - 28 s. - (Oversættelse; nr. 7C). - (88.2)

30. CÆSAR, GAIUS JULIUS: Cæsars gallerkrig. - Alati, [1958]. -
(88.2)

1. bog: 26 s. - (Oversættelse; nr. 8)
2. bog: 14 s. - (Oversættelse; nr. 9)
3. bog: 12 s. - (Oversættelse; nr. 10)
4. bog: 15 s. - (Oversættelse; nr. 11)
5. bog: 23 s. - (Oversættelse; nr. 12)
6. bog: 19 s. - (Oversættelse; nr. 13)
7. bog: 13 s. - (Oversættelse; nr. 14). - I udvalg.

31. CÆSAR: Syvende bog af Gaius Julius Cæsars Gallerkrig i udvalg. - Alati, [1968]. - 11 s. - (Oversættelse; nr. 14A). -
(88.2)

32. De puniske krige. - Alati, [195?]. - 7 s. - (Oversættelse;
nr. 15). - (89.15)

Også indeholdt i 42.

33. Den jugurthinske krig. - Alati, [1958]. - 12 s. - (Oversættelse; nr. 16). - (88.2)

Også indeholdt i 42.

34. Elementa latina : latinsk begynderbog : egl. Latinske
grundbegreber. - Alati, [1971]. - 21 s. - (Oversættelse;
nr. 16A). - (89.15)

Oversættelse til Otto Foss: Elementa latina.

35.   HOMER: Odysseen : 6. sang. - Alati, [1958]. - 8 s. -
        (Oversættelse; nr. 17). - (88.2)

36.   Graecia capta : Titus Macc(i)us Plautus: Den storpralende
        soldat (nr. 23). Udvalgte stykker af Cornelius Nepos, Cato,
        Livius (XXXIII, XLI, XLII, XLIV, XLV). Plutarch: Tiberius
        Gracchus. Gellius: Gaius Gracchus (nr. 30). - Alati, [1972]
        . - 24 s. - (Oversættelse; nr. 17A). - (88.2)

37.   HORATS: Oder : romersk poesi. - Alati, [1958]. - 17 s. -
        (Oversættelse; nr. 18). - (88.2)

38.   HORATS: Oder og jamber : romersk poesi. - Alati, [1968]. -
        22 s. - (Oversættelse; nr. 18A). - (88.2)

39.   HORATS: Udvalgte satirer og breve (Sermones et epistulæ). -
        Alati, [1958]. - 22 s. - (Oversættelse; nr. 19). - (88.2)

40.   Latinske øvelsesstykker. - Alati, [1964]. - 17 s. - (Over-
        sættelse; nr. 19A). - (89.15)

        Oversættelse til Kr. Mikkelsen: Latinsk læsebog.
        Også indeholdt i 42.

41.   MARTIAL : Af Marcus Valerius Martial(is)' bog om (skue)-
        spillene. - Alati, [u. å.]. - 7 s. - (Oversættelse; 19B). -
        (88.2)

42.   Mikkelsens samlede udgave : Øvelsesstykker (nr. 19A) ;
        De puniske Krige (nr. 15) ; Den jugurthinske Krig (nr. 16) ;
        Småfortællinger (nr. 26A). - Alati, [1971]. - 40 s. -
        (Oversættelse; nr. 20A). - (88.2)

43. Monumentum Ancyranum. - Alati, [1958]. - 9 s. - (Oversættelse; nr. 21). - (88.2)

44. OVIDIUS NASO, PUBLIUS: Romersk poesi. - Alati, [1958]. - 16 s. - (Oversættelse; nr. 22). - (88.2)

45. OVID: Romersk poesi. FÆDRUS: Fabler. - Alati, [u.å.] . - 12 s. - (Oversættelse; nr. 22A). - (88.2)

46. OVID: Af "Fasti" og "Metamorphoses". - Alati, [1969]. - 22 s. - (Oversættelse; nr. 22B). - (88.2)

47. PLAUTUS, TITUS MACC(I)US: Den storpralende soldat. - Alati, [1960]. - 10 s. - (Oversættelse; nr. 23). - (88.2)

Også indeholdt i 36.

48. Romerske breve I : Marcus Tullius Ciceros breve ; To breve fra Gaius Plinius den yngre (eller: den anden) ; Et brev fra Trajan. - Alati, [1958]. - 23 s. - (Oversættelse; nr. 24) . - (88.2)

49. CICERO: Romerske breve II. - Alati, [1960]. - 18 s. - (Oversættelse; nr. 25). - (88.2)

Fortrinsvis breve til Atticus.

50. CICERO: Romerske breve III. - Alati, [1964]. - 8 s. - (Oversættelse; nr. 25A). - (88.2)

Breve til Atticus, Quintus samt slægt og venner.

51. CICERO: Romerske breve IV : udvalgte breve af Cicero. -
     Alati, [1968]. - 10 s. - (Oversættelse; nr. 25A/a). - (88.2)

     Til Atticus og slægt og venner.

52. [PLINIUS DEN YNGRE]: Breve fra Plinius : 1: Epistulæ, 6. bog,
     kap. 16. 2: Epistulæ, 6. bog, kap. 36. 3: Epistulæ, 6. bog,
     kap. 20. Indskrifter fra Pompeji. - Alati, [1964]. - 11 s. -
     (Oversættelse; nr. 25B). - (88.2)

53. SALLUSTIUS CRISPUS, GAJUS: Catilina : cap. 16-36, 39-48, 50-61
     . - Alati, [1958]. - 27 s. - (Oversættelse; nr. 26). - (88.2)

54. Småfortællinger. - Alati, [u.å.]. - 4 s. - (Oversættelse;
     nr. 26A). - (88.2)

     Også indeholdt i 42.

55. SENECA, LUCIUS ANNÆUS: Til Serenus om fritid (evt. ledig-
     gang, uvirksomhed) ; 3 breve til Lucilius. - Alati, [1966]
     . - 12 s. - (Oversættelse; nr. 26B). - (88.2)

56. SVETONIUS TRANQUILLUS, GAJUS: Den guddommelige Augustus'
     levned. - Alati, [1958]. - 12 s. - (Oversættelse; nr. 27)
     . - (88.2)

     I uddrag.

57. SVETON: Cæsar : om cæsarernes liv ; første bog ; den gud-
     dommelige Julius. - Alati, [195?]. - 8 s. - (Oversættelse;
     nr. 28). - (88.2)

58.   SVETONIUS TRANQUILLUS , GAIUS: Nero. - Alati, [1968]. -
      11 s. - (Oversættelse; nr. 28A). - (88.2)

      Forkortet.

59.   SVETONIUS TRANQUILLUS , GAIUS: Divus Titus. - Alati, [1969]
      . - 5 s. - (Oversættelse; nr. 28B). - (88.2)

60.   TACITUS, CORNELIUS: 15' (bog) fra Den guddommelige Augustus'
      død. - Alati, [1969]. - 6 s. - (Oversættelse; nr. 28C). -
      (88.2)

61.   LIVIUS, TITUS: Historie : XXI, XXII, XXIII : i udvalg. -
      Alati, [1958]. - 28 s. - (Oversættelse; nr. 29). - (88.2)

62.   Udvalgte stykker af Cornelius Nepos, Cato, Livius (XXXIII,
      XLI, XLII, XLIV, XLV). Plutarch: Tiberius Gracchus. Gellius:
      Gaius Gracchus. - Alati, [1963]. - 14 s. - (Oversættelse;
      nr. 30). - (88.21)

      Også indeholdt i 36.

63.   [VERGIL]: Vergils Æneide : 2. sang. - Alati, [u.å.]. -
      20 s. - (Oversættelse; nr. 31). - (88.2)

64.   (PUBLIUS) VERGIL(IUS) (MARO): Æneidens 4. sang. - Alati,
      [1969]. - 19 s. - (Oversættelse; nr. 32). - (88.2)

65.   VERGIL: Æneide : I. sang vers 1-33, 223-304, 441-633 ;
      VI. sang vers 854-892 ; XII. sang vers 791-842. - Alati,
      [1970]. - 10 s. - (Oversættelse; nr. 32A). - (88.2)

66. TIBUL(LUS), (ALBUS): Udvalgte elegier. (SEXTUS) PROPERT(IU)S: Udvalgte elegier. FÆDRUS: Udvalgte fabler. (MARCUS VALERIUS) MARTIAL(IS): Udvalgte epigrammer. Den Hellige Birgitta: Åbenbaringer. - Alati, [1969]. - 13 s. - (Oversættelse; nr. 33). - (88.2)

67. Antikken. - s. 11-17. - i Deres egne ord : en antologi over den økonomiske videnskabs historie / udvalg og forklaring af Mogens Boserup. - 2. udg., rev. og udv. - Akademisk : Universitetsforlaget i København, cop. 1976. - 330 s. - (Studier / Københavns Universitets Økonomiske Institut; nr. 25). - (33.09)

    1. udg. 1968-1972, bd. 1-2.
    Tekster af Platon, Aristoteles og Xenofon.

68. CONRAD, FLEMMING og LARS P. RØMHILD: Poesi og prosa / under medvirken af Niels Ferlov ; billedred. Hanne Finsen og Jan Garff. - 2. udg. - Gjellerup, 1973. - 4 bd. : ill. - (86)

    1. udg. 1966.
    Bd. 1: 516 s.
    Udvalg af Plautus, Vergil og Horats s. 34-59.
    Kommentar til bd. 1: 2. udg. - 1973. - 92 s. - 1. udg. 1966.
    Om antikken s. 11-16.

69. Eroticon : alverdens erotiske fortællere / red. af Aage Nymann ; tegninger af Eiler Krag. - Chr. Erichsen. - 2 bd. : ill. - (88)

    Bd. 1: 1965. - 262 s.
    Udvalg af Alkifron og Lukian s. 18-28.
    Bd. 2: 1966. - 272 s.
    Udvalg af Lukian og Filostrat s. 24-37.

70. Ethisk antologi / ved Søren Holm og Niels Thulstrup. -
Universitetsforlaget i København : Gad, 1972. - 410 s. - (15)

Uddrag om Sokrates og af Platon, Aristoteles, Epiktet og
Marcus Aurelius s. 7-23, 33-40.

71. Fra Aischylos til Ionesco / udvalg og kommentarer ved Bjørn
Moe. - Nyt Nordisk, 1974. - 218 s. - (Sceniske Tekster til
Undervisningsbrug; 2). - (77.01, 88)

Bibliografi s. 218.
Aischylos: Agamemnon s. 35-59.
Aristofanes: Lysistrate s. 161-178.

72. Fra kejsertiden / ved Thure Hastrup og Per Krarup. - [2. udv.
udg.]. - Gyldendal, 1969. - 69 s. - (Latinske læsehæfter;
II). - (88.11)

1. udg. 1960.

73. Fra Platon til Hegel og fra Sokrates til Kierkegaard :
religionsfilosofisk antologi / ved Niels Thulstrup ;
offentliggjort som manuskript. - [Niels Thulstrup], 1976-
1977. - 7 bd. (875 s.). - (16)·

Bd. 1: I. Den spekulative religionsfilosofis forudsætninger
og begyndelse i antikken. - s. 5-16.
Bd. 2: Platon: Sokrates den viseste. Filosoffens straffe-
forslag. Solbilledet. Hulebilledet. Den udødelige sjæl. -
s. 108-233.
* Bd. 3: Aristoteles: Det værende og tænkningen. Cicero: Om
gudernes natur. - s. 234-?.
Bibliografi s. 85-88.

74. Glimt fra Hellas og Rom : en dobbeltantologi / ved Harald
    Hundrup ; forord af Povl Johs. Jensen. - Tusculum : Københavns Universitets Institut for klassisk Filologi, 1971. -
    56 s. - (Museum Tusculanum. Særnummer). - (88.2)

75. Graecia capta / ved Thure Hastrup og Per Krarup. - 5. opl. -
    Gyldendal, 1970. - 55s. : 1 kort. - (Latinske Læsehæfter; I)
    . - (88.1)

    1. udg. 1959.

76. Græske historikere / udvalgt og oversat af A. Kragelund. -
    1. udg., 12. opl. - Aschehoug, 1979. - 163 s. - (88.2, 91.43)

    1. udg. 1944.
    Uddrag af Herodot, Thukydid, Xenofon og Polyb.

77. HAFTING, CHRISTIAN: Levende latin : latinske udtryk og citater / dansk bearb. ved Hanne Goldschmidt. - Gjellerup, 1968
    . - 103 s. - (89.15)

    Originaltitel: Levende latin (norsk).
    Anm. s. 396-397 i Den danske Realskole 1969, 71. årg., nr. 7
    af Gunnar Hansen og s. 1044 i Gymnasieskolen 1969, 52. årg.,
    nr. 18 af Ole Balslev.

78. Håndbog i verdenslitteratur / ved E. Borup Jensen. - 3. udg. -
    Gad, 1969. - 283 s. : ill. - (88)

    1. udg. 1963.
    Udvalg af Homer, Sapfo, Sofokles, Platon, Aristoteles, Vergil,
    Horats, Ovid, Seneca, Marcus Aurelius og Plotin s. 7-32, 36-
    43.
    Kommentar. - 3. udg. - 1970. - 62 s. - 1. udg. 1963.
    Om antikken s. 3-9, 11-14.

79. Kulturhistoriske tekster / red. af Hakon Stangerup. - 2.
udg., 3. opl. - Erhvervsøkonomisk Forlag : Nyt Nordisk, 1975
. - 299 s. - (Handelshøjskolen i København. Skriftrække A;
8). - (04.1)

1. udg. 1952.
Uddrag af Hesiod, Heraklit, Demokrit og Platon s. 23-44.

80. Latinsk læsebog for gymnasiet / ved L. Høeg. - Nyt Nordisk
. - (88.11)

Bd. 1: Cæsar og andre forfattere : i udvalg. - 2. udg. -
1969. - 3, 140 s. - 1. udg. 1930.
* Gloser og forklaringer til bd. la: Cæsars gallerkrig. III.,
IV., V. bog. - 6. opl. - 1968. - 120 s. - 1. udg. 1931.
* Gloser og forklaringer til bd. lb: Ciceros brevveksling,
Monumentum Ancyranum, Caesar I, Ovid m. m. - 3. udg., 5. opl. -
1969. - 84 s. - 1. udg. 1932.

Lector.
81. * Øvelsesstykker: latin-dansk/ dansk-latin. - 3. udg. -
Nihil Press, 1977. - 24 s. - (Lectors Oversættelser; nr. 1)
. - (89.15)

1. udg. 1970.
Oversættelse på grundlag af 26. udg. af Kr. Mikkelsen:
Latinsk læsebog.

82. Bogen om de puniske krige. - Nihil Press, 1974. - 16 s. -
(Lectors Oversættelser; nr. 2). - (88.2, 91.47)

1. udg. 1970.
Oversættelse til Kr. Mikkelsen: Latinsk læsebog.

83. * Bogen om den jugurthinske krig. - Nihil Press, 1977. -
23 s. - (Lectors Oversættelser; nr. 3). - (88.2, 91.47)

1. udg. 1970.
Oversættelse på grundlag af Kr. Mikkelsen: Latinsk læsebog.

84. Små fortællinger : oversættelse til Kr. Mikkelsen: Latinsk Læsebog. - Nihil Press : Notabene, 1970. - 8 s. - (Lectors Oversættelser; nr. 4). - (88.2)

85. * Den komplette og nøjagtige oversættelse . - 3. udg., 4. opl. - Sphinx og Nihil, 1979. - 56 s. - (Lectors Oversættelser; nr. 5). - (89.15)

   1. udg. 1970.
   Oversættelse til Kr. Mikkelsen: Latinsk læsebog.

86. Graecia capta. - Nihil Press, 1972. - 28 s. - (Lectors Oversættelser; 6). - (88.2)

   Omslagstitel: Den komplette og nøjagtige oversættelse til Graecia capta.

87. * CÆSAR, GAIUS IULIUS: Gallerkrigen. - Nihil Press. - 5 bd. - (88.2, 91.47)

   1. bog: 3. opl.- 1976. - 38 s. - (Lectors Oversættelse; nr. 11). - 1. udg. 1971.
   2. bog: 2. opl. - 1977. - 2o s. - (Lectors Oversættelser; nr. 12). - 1. udg. 1972.
   3. bog: 2. opl. - 1977. - 17 s. - (Lectors Oversættelser; nr. 13). - 1. udg. 1971.
   4. bog: 2. opl. - 1976. - 20 s. - (Lectors Oversættelser; nr. 14). - 1. udg. 1971.
   5. bog: 2. opl. - cop. 1977. - 37 s. - (Lectors Oversættelser; nr. 15). - 1. udg. 1972.

88. CICERO, MARCUS TULLIUS: Mod Catilina. - Nihil Press inc. : Notabene, cop. 1971. - (88.2)

   1. tale: 15 s. - (Lectors Oversættelser; nr. 21)
   3. tale: 15 s. - (Lectors Oversættelser; nr. 23)

89. CICERO, MARCUS TULLIUS: 22 breve : oversat fra L. Høeg:
     Cæsar og andre forfattere. - Nihil Press (Notabene), 1971
     . - 27 s. - (Lectors Oversættelser; nr. 25). - (88.2)

90. CICERO, MARCUS TULLIUS: Tale for Sextus Roscius fra Ameria
     : §§ 1-91 og 153-154. - 2. opl. - Sphinx & Nihil, cop. 1977
     . - 34 s. - (Lectors Oversættelser; nr. 26). - (88.2)

     1. udg. 1971.

91. Litteraturudvalg / [red. af] Chr. N. Brodersen og Sven
     Møller Kristensen. - Gyldendal, 1977. - 6 bd. : ill. -
     (88.86)

     1. udg. 1973-1975.
     Bd. 1: Oldtid, middelalder, renæssance og klassicisme, op
     til ca. 1800. - 2. udg., 3. opl. - 1979. - 291 s.
     Udvalg af Sapfo og Horats s. 9-12.
     Noter til bd. 1: 2. udg. / ved Chr. N. Brodersen. - 1977. -
     103 s. - 1. udg. 1973.
     Om antikken s. 3-8.

92. Læsestykker til opdragelsens historie / i udvalg ved Georg
     Christensen. - 9. opl. - Gyldendal, 1974-1975. - 2 bd. : ill
     . - (Gyldendals Pædagogiske Bibliotek). - (37.9)

     1. udg. 1955.
     Bd. 1: 1975. - 124 s.
     Plutarch: Lykurg. Platon: af Protagoras og Staten. Aristote-
     les: af Statslæren : s. 9-38.

93. * MØLBJERG, HANS: Verdenslitteratur. - Schultz, 1963. - 3 bd
     . - (88)

     Bd. 1: Oldtidens jødiske og græsk-romerske litteratur. -
     2. udg., 2. opl. - 1967 [i.e. 1970]. - 117 s.
     Uddrag af Homer, Hesiod, Sapfo, Anakreon, Pindar, Aischylos,
     Sofokles, Euripides, Aristofanes, Theokrit, Lukian, Plautus,
     Terents, Vergil, Catul, Horats, Ovid, Martial, Juvenal, Epik-
     tet, Marcus Aurelius.

94. NIELSEN, KARL og PER KRARUP: Latinsk læsebog for gymnasiet
: den romerske guldalder i tekst og billeder. - 6. udg.,
6. opl. - Gyldendal, 1979. - 267s., [5] tav. : ill. - (89.15)

1. udg. 1939.
Indeholder foruden et tekstudvalg en historisk skildring
af Ciceros og Augustus' tid.
Kommentar. - 6. udg., 5. opl. - 1978. - 129 s. - 1. udg. 1939.

95. Oldtidens krig. - s. 27-38 : ill. - i Krigen: fra Troja til
Hiroshima : kilder til belysning af krigen gennem tiderne /
Johan Bender. - Gyldendal, 1975. - 180 s. - (32.7)

Tekster af Heraklit, Homer, Thukydid, Herodot.

96. * Opera latina quae tironibus facilia lectu sunt / udg. af
Henrik Nisbeth og Niels Kjeld Hansen. - 2. opl. - Gyldendal,
1978. - 95 s. : ill. - (89.15)

1. udg. 1977.
Kommentarhæfte. - 2. opl. - 1978. - 87 s. - 1. udg. 1977.
Anm. s. 747-748 i Gymnasieskolen 1977, 60. årg., nr. 14 af
Palle W. Nielsen.

97. * Romersk poesi i udvalg : til brug i gymnasiet / ved Per
Krarup. - 9. opl. - Gyldendal, 1979. - 131 s. - (88.1)

1. udg. 1938.
Udvalg på latin af Ennius, Catul, Vergil, Horats, Tibul,
Properts, Ovid, Martial.

98. Den romerske elegi : en introduktion / udvalgt, oversat og
    kommenteret af Allan A. Lund og Tommy Petersen. - Gyldendal,
    1976. - 63 s. : ill. - (88.2, 81.11, 88.1)

    Bibliografi s. 63.
    Parallel latinsk tekst og dansk oversættelse.
    Tekster af Tibul, Catul, Properts, Ovid.
    Anm. s. 212 i Gymnasieskolen 1977, 60. årg., nr. 4 af Palle
    W. Nielsen.

99. Tekster fra verdenslitteraturen : oldtid og middelalder /
    udvalg ved K. Bæk Thomsen. - Sønderborg Teknikum, 1967-1968
    . - 183 s. - (88)

    Udvalg af Homer, Aischylos, Sofokles, Euripides, Aristofanes,
    Platon, Aristoteles, Terents, Cicero og Vergil s. 36-120.

100. To romerske komedier : Plautus' Persa ; Terents' Eunuchus /
     på dansk ved Steen Christensen. - Gyldendal, 1972. - 139 s! -
     (Klassikerforeningens Udgaver). - (88.2)

     Anm. s. 1340 i Gymnasieskolen 1972, 55. årg., nr. 21 af
     Rolf Hesse.

101. Tre græske tragedier / ved Leo Hjortsø ; oversat af N. V.
     Dorph, P. Østbye og Niels Møller. - Fotografisk genoptryk
     . - Thaning & Appel, 1976. - 176 s. - (88.2)

     1. udg. 1963.
     Aischylos: Prometheus. Sofokles: Ødipus i Kolonos. Euripides
     : Bakchanter.

102. Udvalg af romersk poesi / [ved Thure Hastrup]. - Københavns
     Universitets Fond til Tilvejebringelse af Læremidler. - (88.11)

     Bd. 1: 1968. - 105 s.
     Latinsk tekst.
     Anm. s. 18 i Museum Tusculanum 1968, 1. årg., hft. 7.

103. Vers og prosa i antikken : et litteraturudvalg / ved Thure
     Hastrup. - Gyldendal, 1975. - 332 s. - (88.2)

     Anm. s. 1199 i Gymnasieskolen 1975, 58. årg., nr. 22 af
     Palle W. Nielsen.

104. Vor verdens litteratur / ved Alex Garff, Thure Hastrup og
     Alf Henriques. - Gyldendal, 1970. - 280 s. - (88)

     Udvalg af Homer, Hesiod, Solon, Sapfo, Aischylos, Thukydid,
     Platon, Theokrit, Plautus, Cicero, Vergil, Horats, Ovid,
     Seneca og Petronius s. 11-27, 37-50.

Enkelte forfattere.

AISCHINES.
     Contra Timarchum.
105. DUE, OTTO STEEN: En attisk sædelighedsproces : Aischines'
     tale mod Timarchos. - Klassikerforeningen, 1975. - 112 s. -
     (Klassikerforeningens Kildehæfter)

     Græsk tekst, dansk oversættelse.
     Anm. s. 664-665 i Gymnasieskolen 1975, 58. årg., nr. 13 af
     Palle W. Nielsen.

AISCHYLOS.
     Agamemnon.
106. AISCHYLOS: Agamemnon : tragedie / ved Niels Møller. -
     7. rev. udg. / [ved Chr. N. Brodersen], 2. opl. -
     Gyldendal, 1977 [i.e. 1979]. - 116 s. - (Klassikerforeningens
     udgaver). - (88.2)

     1. udg. 1891.
     Bibliografi s. [117-118].
     Anm. s. 1342 i Gymnasieskolen 1972, 55. årg., nr. 21 af
     Rolf Hesse.

107.   MADSEN, ELLEN A.: Dårskabens pris : nogle betragtninger
       over synd og godhed i belysning af det 5. førkristelige
       århundredes tankegang. - Eget forlag, [1967]. - 23 s. -
       (99.4 Aischylos, 81.11)

       Prometheus.
108.   AISCHYLOS: Prometheus / ved Alex Garff og Leo Hjortsø. -
       Gyldendal, 1975. - 78 s. : ill. - (Klassikerforeningens
       Udgaver). - (88.2)

       Bibliografi s. 77-78.
       Anm. s. 216 i Gymnasieskolen 1976, 59. årg., nr. 4 af
       Palle W. Nielsen.

       Generel litteratur om forfatteren.
109.   ROHDE, H. P.: Attisk nattevagt. - s. 26-30 : ill. - i
       Kierkegaardiana VIII, 1971.

       Eftersporing af Aischyloscitat.

AMMIANUS MARCELLINUS.
       Generel litteratur om forfatteren.
110.   AUERBACH, ERICH: Arrestationen af Petrus Valvomeres. -
       s. 67-98. - i Mimesis : virkelighedsgengivelsen i den
       vesterlandske litteratur / oversat af Helge Hultberg. -
       Munksgaard, 1965. - 343 s. - (Munksgaardserien; 16). - (81.04)

       Bl.a. også om Apuleius.

ANTIFON.
Samlede og blandede skrifter.
111. ANTIFON: Taler / oversat med indledning og kommentarer af
Mogens Herman Hansen ; udg. af Selskabet til Historiske Kildeskrifters Oversættelse. - Munksgaard, 1969. - 167 s. -
(88.2)

Bibliografi s. 158-159.

ANTISTHENES.
Generel litteratur om forfatteren.
112. BOSERUP, IVAN: Specialeresumé af Antisthenes' etik og logik
. - Københavns Universitet. - s. 29-38 i Extracta 1968, 1.

Bibliografi s. 37-38.
Også resumé s. 2-7 i Museum Tusculanum 1968, 1. årg., hft.6.
Bibliografi s. 7.

APICIUS.
De re coquinaria.
113. APICIUS: Kogebog / udvalgt og oversat fra latin af Karen
Olsen og Jens Pedersen. - Olsen-Pedersen, 1975. - 62 s. -
(88.2, 64.102)

Bibliografi s. 60.

114. MØLLER, MARIANNE: Specialeresumé af Studier over Apicius'
De re coquinaria. - Københavns Universitet. - s. 269-
275. - i Extracta 1969, 2.

Bibliografi s. 274-275.

115. THOMASEN, ANNE-LIESE: Apicius og den latinske kogebog. -
s. 72-78 : ill. - i Medicinsk Forum 1977, 30. årg., nr. 3.

Bibliografi s. 78.

APULEIUS.
Metamorphoses.
116. APULEJUS: Amor og Psyche / oversat af Anker Damkilde. -
Fr. Bagges kgl. Hofbogtrykkeri, [1969]. - 64 s. : ill. -
(88.2)

117. TORRESIN, ANNEMARIE: Svindlerpræster i Apuleius. - s. 34-37
. - i Fra den klassisk filologiske hverdag : H. Friis Johansen quinquagenario / udg. af P. S. Sørensen og G. Torresin. -
Vox Populi, 1977. - 56 s. - (89.15)

ARCHILOCHOS.
Generel litteratur om forfatteren.
118. BOSERUP, IVAN: Archilochos' første digt : bemærkninger til
to indskrifter fra Paros. - s. 46-62. - i Museum Tusculanum 1972, nr. 19.

Bemærkninger til Thorkild Breitensteins Hésiode
et Archiloque.
Se også 119 og 121.

119. BOSERUP, IVAN: Mere om Mnesiepes. - s. 106-109. - i
Museum Tusculanum 1973, nr. 21-22.

Svar til 121.
Se også 118.

120. BREITENSTEIN, THORKILD: Archilochos og Hesiod. - s. 1-10. -
i Museum Tusculanum 1968, 2. årg., hft. 9.

121. BREITENSTEIN, THORKILD: Mere om Archilochos. - s. 75-78. -
i Museum Tusculanum 1973, nr. 20.

Svar til 118. Se også 119.

ARISTOFANES.
Acharnenses.
122. ARISTOPHANES: Acharnerne / på dansk ved Holger Friis Johansen
og Erik H. Madsen. - 2. udg., 2. opl. - Thaning & Appel,
1977. - 94 s. - (88.2)

1. udg. 1955.

Lysistrate.
123. * ARISTOPHANES: Lysistrate eller Kvindernes oprør / oversat
af Otto Foss og Erik H. Madsen. - 2. udg., 2. opl. - Hans
Reitzel, 1978. - 105 s. - (88.2)

1. udg. 1969 / ill. af Flemming Quist Møller.
Anm. s. 1360 i Gymnasieskolen 1969, 52. årg., nr. 23 af
Ole Balslev og s. 856 i Gymnasieskolen 1977, 60. årg., nr.
16 af Palle W. Nielsen.

124. ARISTOPHANES: "Lysistrate" eller Kvindernes oprør / oversat
af Otto Foss og Erik H. Madsen ; bearbejdet for radio af
Carlo M. Pedersen. - Danmarks Radio : Hørespilarkivet, 1970
. - 74 s. - (88.2)

Pax.
125. ARISTOPHANES: Freden / oversat af Ellen A. Madsen og Erik
H. Madsen. - Hans Reitzel, 1979. - 130 s. - (88.2)

Anm. s. 790 i Gymnasieskolen 1979, 62. årg., nr. 19 af
Palle W. Nielsen.

Generel litteratur om forfatteren.
126. GELSTED, OTTO: Verdens første revyforfatter. - s. 88-95. -
i bd. 1 af Tilbageblik på fremtiden / artikler og essays i
udvalg ved Børge Houmann. - Sirius, 1977. - 2 bd. - (04.6)

Tidligere trykt i Politiken 29.8.1931.

127. JØRGENSEN, OVE: Aristophanes. - s. 142-152. - i Udvalgte
skrifter : Ballet - Klassisk - Litteratur - Kunst / udg.
af Henning Krabbe ; med indledning af Thure Hastrup. -
Thaning & Appel, cop. 1971. - 207 s. : 1 portræt. - (70.4)

Tidligere trykt i Politiken 27.8.1927.

128. THOMSEN, OLE: Aristofanes-litteratur. - s. 5-7. - i Vox
Populi 1974, 3. årg., nr. 2.

Vurderende annoteret bibliografi.

ARISTOTELES.
Poetik.
129. ARISTOTELES: Om digtekunsten. - [Ny udg.] / ved Erling
Harsberg, 2. opl. - Gyldendal, 1975. - 86 s. - (Klassikerfor-
eningens Udgaver). - (80.1, 88.2)

1. udg. 1970.
Bibliografi s. 85-87.
Anm. s. 71-72 i Museum Tusculanum 1976, nr. 27 af Jørgen
Mejer.

130. ENGEL JENSEN, IVAR: Aristoteles' Poetik - håndbog for
kriminalforfattere?! - s. 3-9. - i Vox Populi [1973],
2. årg., nr. 2.

131. JOHANSEN, JØRGEN DINES: Karakter og handling : overvejelser over Aristoteles' poetik. - s. 17-24. - i Poetik 1968, ser. I, nr. 4.

Bibliografi s. 24.

132. MADSEN, PETER: Noter om Aristoteles' poetik. - s. 25-35. - i Poetik 1968, ser. I, nr. 4.

Politeiai.
133. ARISTOTELES: Det bedst mulige samfund. - s.18-22. - i Det gode samfund : politisk tænkning fra oldtid til nutid / ved Erik Rasmussen. - 2. opl. - Gyldendal, 1975. - 76 s. - (Historiske Kilder). - (32.01)

1. udg. 1973.
Bibliografi s. 79.

134. MØRKHOLM, OTTO: anm. af Johan Henrik Schreiner: Aristotle and Perikles : a study in historiography. - Universitetsforlaget i Oslo, 1968. - 138 s. - (Symbolae Osloenses. Fasc. supplet.; 21). - s. 628-629. - i Historisk Tidsskrift 1969-1970, 12. rk., bd. IV.

Generel litteratur om forfatteren.
135. BEK, KIM HØEGH: Aristoteles' logik I-II. - s. 15-28 + 3-16. - i Museum Tusculanum 1973, nr. 20 + 21-22.

Bibliografi s. 27-28 i nr. 20.

136. ENGBERG-PEDERSEN, TROELS: Begrebet "phantasia" hos Aristoteles. - s. 31-71. - i Museum Tusculanum 1979, nr. 34-35.

137. FRIEDRICH, CARL J.: Aristoteles : det politiske fællesskabs
filosof. - s. 91-102. - i Politisk teori : en introduktion
/ på dansk ved Bente Skovmand. - Jørgen Paludan, [1969]. -
158 s. - (Paludans fiolbibliotek; 21). - (32)

138. HANSEN, MOGENS HERMAN: Den græske polis og Aristoteles. -
s. 41-54. - i Museum Tusculanum 1974, nr. 24.

Kommentar til 599.

139. PINBORG, JAN: Aristoteles' kategorier i den antikke og
middelalderlige skolastiske tradition. - s. 28-44. - i
Museum Tusculanum 1969, nr. 12.

Bibliografi s. 44.

CATO DEN ÆLDRE.
Generel litteratur om forfatteren.
140. CHRISTIANSEN, ERIK: "I øvrigt mener jeg ...". - s. 76-77 :
ill. - i Sfinx 1977-78, nr. 3.

Citatartikel.

CATUL.
Carmina.
141.* CATULLUS, C. VALERIUS: Carmina Catulli. - [S.n.], [1978?]
. - 10, 18 bl. : ill. - (88.1)

Latinske digte med noter på dansk.

5.
142. LUND, ALLAN A.: Catulli Carmen V : et undervisningseksempel
. - s. 7-8. - i Rostra 1978, nr. 5.

13.
143. MØLLER JENSEN, BRIAN: En fortolkning af Catul 13. - s. 31-34
. - i Fra den klassisk filologiske hverdag : H. Friis Johansen quinquagenario / udg. af P. S. Sørensen og G. Torresin
. - Vox Populi, 1977. - 56 s. - (89.15)

39.
144. BRØNDUM, NIELS: Catull's digt om Egnatius med de flotte, hvide tænder. - s. 717-718. - i Tandlægebladet 1977, 81. årg., nr. 20. - (Ex historia odontologiae).

Original, oversættelse og kommentar.

CICERO.
De legibus, 3.
145. KJELDSEN, BØRGE: Ciceros politiske testamente : en analyse af forfatningsudkastet i de legibus III. - Museum Tusculanum, 1979. - 146 s. - (Opuscula Graecolatina; nr. 18). - (34.8, 99.4 Cicero)

Bibliografi s. 143-146.
Resumé på engelsk s. 137-142.

De natura deorum, 1.
146. CLAUSEN, CLAUS P. E.: Ciceros portræt af Velleius : fremstillingen af epikuræernes tanker om gudernes natur i 1. bog af dialogen De natura Deorum. - s. 34-47. - i Museum Tusculanum 1975, nr. 25-26.

Bibliografi s. 46-47.
Resumé på fransk s. 47.

De re publica.
147. CICERO: De re publica / udvalg for gymnasiet ved Per Krarup
. - 2. opl. - Gyldendal, 1974. - 88 s. - (88.1)

1. udg. 1957.
Noter: 2. opl. - 1974. - 71 s. - 1. udg. 1957.

148. CICERO: Scipios drøm / håndskrift og ill. Ninna Wassileffsky ; oversat af Per Krarup. - Wassileffsky, 1972. - 23 bl. + 5 tav. - (88.2)

Første gang i foreliggende oversættelse Gyldendal, 1966.
Somnium Scipionis - 6. og sidste bog af De re publica.

149. ØRSTED, PETER: Cicero's de republica : et forsøg på at finde begrebet justitia's valeur. - s. 1-22. - i Museum Tusculanum 1969, nr. 12.

Rhetorica: Brutus.
150. CICERO, M. TULLIUS: Retoriske skrifter / ved Thure Hastrup & Mogens Leisner-Jensen. - Odense Universitet: Institut for klassiske Studier, 1979-   . -   bd. - (88.1, 80.8, 88.2)

Parallel latinsk tekst og dansk oversættelse.
Bd. 2: Brutus / oversat og kommenteret af Mogens Leisner-Jensen. - 1979. - 253 s.

Topica.
151. GREEN-PEDERSEN, N. J.: Nogle overvejelser over Ciceros Topica. - s. 43-54. - i Museum Tusculanum 1978, nr. 32-33.

Resumé på engelsk s. 54.

Samlede og blandede skrifter.
152. CICERO: Filosofiske skrifter / ved Franz Blatt, Thure Hastrup og Per Krarup. - Gad. - (88.2)

Med dansk og latinsk tekst.
Samlet oversættelse af alle Ciceros filosofiske skrifter.

Bd. 1: 1969. - 543 s.
Anm. s. 922 i Gymnasieskolen 1969, 52. årg., nr. 16 af
Finn Hobel.
Bd. 2: 1968. - 635 s.
Anm. s. 975 i Gymnasieskolen 1968, 51. årg., nr. 16 af Finn
Hobel.
Bd. 3: 1970. - 553 s.
Bd. 4: 1971. - 503 s.
Bd. 5: 1972. - 555 s.
Anm. s. 1472 i Gymnasieskolen 1972, 55. årg., nr. 23 af
Finn Hobel.

Generel litteratur om forfatteren.
153. CHRISTIANSEN, ERIK: "Det er menneskeligt at fejle". -
s. 64 : ill. - i Sfinx 1977-78, nr. 2.

Citatartikel.

154. JORSAL, FINN: Ciceros poetiske produktion og dens betydning
. - s. 8-15. - i Vox Populi 1974, 3. årg., nr. 5.

Bibliografi s. 8.

155. KRAGELUND, A.: Holberg og Cicero. - Gad, 1978. - 184 s. -
(99.4 Holberg, 81.63, 99.4 Cicero)

Bibliografi s. 161-162.

156. SKYDSGAARD, JENS ERIK: anm. af Matthias Gelzer: Cicero : ein
biographischer Versuch. - Wiesbaden: Steiner, 1969. - X, 426
s. - s. 200-204. - i Historisk Tidsskrift 1971, 12. rk.,
bd. V, hft. 1.

CÆSAR.
De bello gallico.
157. CÆSAR: De bello gallico : liber quartus = Gallerkrigen :
fjerde bog / oversat af H. C. Hynding. - Nyt Nordisk, 1974
. - 41, 12 s. (gloser). - (Latinske Texter med Dansk Paral-
leloversættelse; IV). - (88.1, 88.2, 91.47)

158. CÆSAR: Gallerkrigen / på dansk ved Bo Grønbech. - [Ny udg.],
3. opl. - Borgen, 1974. - 258 s. - (Borgens Billigbøger; 55)
. - (88.2, 91.47)

1. udg. 1967.
Anm. s. 1120 i Gymnasieskolen 1971, 54. årg., nr. 19 af
Rolf Hesse.

159. HERLØV-MÜLLER, A. W. og JULIUS NIELSEN: Noter til Cæsars
Gallerkrig. - Gyldendal. - 2 hft. - (89.15)

1. hft. (første og anden bog): 5. udg. / ved Julius Nielsen,
7. optryk. - 1970. - 53 s. : 1 kort.
2. hft. (tredie, fjerde og femte bog): 4. udg. / ved Julius
Nielsen, 8. opl. - 1971. - 70 s. : 1 kort.
1. udg. 1967.

160. [JORSAL], FINN: Caesarseminar. - s. 10-17. - i Vox Populi
[1973], 2. årg., nr. 2.

Noter til Cæsars Gallerkrigen, bog I, 1-29.

161. [JORSAL, FINN]: Cæsarseminar. - s. 2-5. - i Vox Populi
1973, 2. årg., nr. 4.

Bemærkninger til Gallerkrigens 1. bog §§ 30-54.

162. JORSAL, FINN: Cæsar : Bellum Gallicum, liber quartus (a. 55)
. - s. 4-15. - i Vox Populi 1973, 2. årg., nr. 7.

Resultater fra et Cæsarseminar på Århus Universitet.

163. LUND, ALLAN A.: Cæsar som etnograf. - Gyldendal, 1978. -
59 s. : ill. - (88.1, 88.2, 91.27)

S. 32-[61]: Parallel latinsk og dansk tekst af Bellum
Gallicum = Gallerkrigen (uddrag).
Bibliografi s. [62].

164. LUND, ALLAN A.: Cæsars Gallerkrig I,1 - et undervisnings-
eksempel. - s. 5-8. - i Rostra 1977, nr. 2.

165. MORTENSEN, BENT: Caesar : Bellum Gallicum II. - s. 6-9a. -
i Vox Populi [1973], 2. årg., nr. 5.

Resultater fra et Cæsarseminar på Århus Universitet.

166. THOMSEN, JOHS.: Caesar - Bellum Gallicum III. - s. 5-11. -
i Vox Populi [1973], 2. årg., nr. 6.

Resultater fra et Cæsarseminar på Århus Universitet.

Samlede og blandede skrifter.
167. CAESAR, C. JULIUS: Cæsar udvalg for gymnasiet / ved Georg
Saxild og Ulf Østergaard. - 5. opl. - Gyldendal, 1979. -
161 s. : ill. & 1 kort. - (88.1)

1. udg. 1950.
Kommentarhæfte. - 5. opl. - 1979. - 74 s. - (88.1)
1. udg. Schultz 1950.

Generel litteratur om forfatteren.
168. CHRISTIANSEN, ERIK: "Terningerne er kastet". - s. 32 : ill. - i Sfinx 1977-78, nr. 1.

Citatartikel.

169. KROMANN, ANNE: Cæsar i felten. - s. 86-98 : ill. - i Nationalmuseets Arbejdsmark 1975.

170. SAXTORPH, NIELS M.: Cæsar som hærfører. - Gad, 1970. - 27 s. : 2 skitser. - (Studier fra Sprog- og Oldtidsforskning / udg. af Det filologisk-historiske Samfund; nr. 276) . - (62.67, 99.4 Cæsar)

Anm. s. 206-207 i Militært Tidsskrift 1971, 100. årg. af K. V. Nielsen og s. 1400 i Gymnasieskolen 1970, 53. årg., nr. 23 af Ole Balslev.

DEMOKRIT.
Generel litteratur om forfatteren.
171. FRIIS JOHANSEN, KARSTEN: Demokrits synsteori- og Platon. - s. 169-213. - i bd. 1 af Filosofiske studier / red. af Carl Henrik Koch, Flemming Steen Nielsen, Stig Andur Pedersen. - Filosofisk Institut København, 1978. - 386 s. - (10.5)

DEMOSTHENES.
De corona.
172. HANSEN, MOGENS HERMAN: Ledemotiver i Demosthenes' XVIII tale om kransen. - s. 11-14. - i Museum Tusculanum 1968, 2. årg., hft. 9.

Sämlede og blandede skrifter.
173. Attiske retstaler fra Demosthenes' tid : (Demosthenes XXXII-XXXVIII & LVI) / oversat med indledning og kommentarer af Signe Isager og Mogens Herman Hansen ; udg. af Selskabet til Historiske Kildeskrifters Oversættelse. - Munksgaard, 1972. - Bd. 1-2 [431 s., 4 tav.]. - (65.09, 88.2, 34.78)

Bibliografi s. 401-411.
Anm. s. 81-86 i Museum Tusculanum 1973, nr. 20 af Lars Haastrup og s. 209-210 i Historisk Tidsskrift 1975, 13. rk., bd. II af Jens Erik Skydsgaard.

Generel litteratur om forfatteren.
174. HANSEN, MOGENS HERMAN: Demosthenes som politiker. - s. 25-28 . - i Museum Tusculanum 1977, nr. 30-31.

DIOGENES LAERTIOS.
Generel litteratur om forfatteren.
175. BOSERUP, IVAN: Diogenes Laertios og overleveringen af græsk filosofi i oldtiden : kritiske bemærkninger til Jørgen Mejers Diogenes-afhandling. - s. 197-251. - i Museum Tusculanum 1979, nr. 36-39.

Resumé på fransk s. 251.

EMPEDOKLES.
Generel litteratur om forfatteren.
176. GREEN-PEDERSEN, NIELS JØRGEN: Specialeresumé af Empedokles' forhold til Parmenides. - Københavns Universitet. - s. 106-115. - i Extracta 1969, 2.

Bibliografi s. 114-115.
Også resumé s. 1-6 i Museum Tusculanum 1969, 2. årg., hft. 10.
Bibliografi s. 5-6.

ENNIUS.
    Euhemerus.
177. SAABY PEDERSEN, FRITZ: Til Ennius' Euhemerus. - s. 1-8. - i Museum Tusculanum 1970, nr. 15.

    Redegørelse for en metrisk undersøgelse.

EPIKUR.
    Generel litteratur om forfatteren.
178. ADLER, KARSTEN: Om Epikur. - Akademisk, 1977. - 36 s. - (10.8, 99.4 Epikur)

    Bibliografi s. [37].

EURIPIDES.
    Alkestis.
179. MØLLER JENSEN, BRIAN: De sociale begrundelser for Alkestis' offer. - s. 34-40. - i Museum Tusculanum 1974, nr. 24.

    Bibliografi s. 40.

    Electra.
180.* EURIPIDES: Elektra / oversat af Alex Garff og Leo Hjortsø. - 5. opl. - Gyldendal, 1978. - 85 s., [6] tav. : ill. - (Klassikerforeningens Udgaver). - (88.2)

    1. udg. 1963.

    Hippolytus.
181. EURIPIDES: Hippolytos : en tragedie / P. Østbye's oversættelse ; ved Per Krarup og Karl Nielsen. - 2. opl. - Gyldendal, 1976. - 63 s. - (Klassikerforeningens Udgaver). - (88.2)

    1. udg. 1951.

Iphigenia Aulidensis.
182. EURIPIDES: Ifigenia i Aulis / oversat af Alex Garff og
Thure Hastrup. - Gyldendal, 1975. - 94 s. - (Klassiker-
foreningens Udgaver). - (88.2)

Anm. s. 665 i Gymnasieskolen 1975, 58. årg., nr. 13 af Palle
W. Nielsen og s. 115-123 i Museum Tusculanum 1976, nr. 28-29
af Holger Friis Johansen.

183. HASTRUP, THURE: Euripides : Ifigenia i Aulis : oplæg til en
interpretation. - Gad, 1975. - 90 s. - (Studier fra Sprog-
og Oldtidsforskning / udg. af Det filologisk-historiske
Samfund; nr. 288). - (99.4 Euripides, 81.11)

Bibliografi s. 75.
Anm. s. 115-123 i Museum Tusculanum 1976, nr. 28-29 af
Holger Friis Johansen.

Medea.
184. EURIPIDES: Medea / på dansk ved Inger Christensen. -
Gyldendal, 1973. - 65 s. - (Gyldendals teater). - (88.2)

185.* EURIPIDES: Medea / oversat af Alex Garff og Leo Hjortsø. -
10. opl. - Gyldendal, 1978. - 86 s. : ill. - (Klassikerfor-
eningens Udgaver). - (88.2)

1. udg. 1954.

Resus.
186. EURIPIDES: Resus : en euripidæisk trivialtragedie / ind-
ledning og oversættelse ved Peter Oluf Brøndsted. - Museum
Tusculanum : Institut for klassisk Filologi, 1976. - 95 s. -
(Opuscula graecolatina; nr. 4). - (Museum Tusculanum. Tillæg)
. - (88.2, 88.1)

Bibliografi s. 12 + 95.
Med græsk og dansk tekst.

FILODEM.
De pietate.
187. BOSERUP, IVAN: Mod en ny rekonstruktion af Filodems skrift om fromheden. - s. 26-39. - i Museum Tusculanum 1971, nr. 17.

FÆDRUS.
Fabulae.
188. FRIIS-JENSEN, KARSTEN: Løvens part. - s. 72-74. - i Museum Tusculanum 1978, nr. 32-33.

Om kompagniskab i en af Fædrus' fabler.
Demonstration af moderne tekstanalysemetoder.
Se også 189-191.

189. KRAGELUND, PATRICK: Fortælleren i Fædrus' Fabler. - s. 56-63. - i Museum Tusculanum 1978, nr. 32-33.

Demonstration af moderne tekstanalysemetoder.
Se også 188, 190-191.

190. KROGH, JETTE: Sociale modsætningsforhold. - s. 64-66. - i Museum Tusculanum 1978, nr. 32-33.

Anvendelse af Greimas' tese om binære modsætninger på Fædrus' fabler.
Demonstration af moderne tekstanalysemetoder.
Se også 188-189, 191.

191. SKAFTE JENSEN, MINNA: Naturens orden. - s. 67-71. - i Museum Tusculanum 1978, nr. 32-33.

Om det binære taksonomiske system anvendt på Fædrus' fabler.
Demonstration af moderne tekstanalysemetoder.
Se også 188-190.

Generel litteratur om forfatteren.
192. TORRESIN, G[IUSEPPE]: Bibliografi over Phaedrus og den
antikke fabel. - s. 16-17. - i Vox Populi 1974, 3. årg., nr. 5.

HELIODOR.
Aithiopika.
193. HELIODOR: Fortællingen om Theagenes og Charikleia / oversat
af Erling Harsberg. - Museum Tusculanum, 1978. - 304 s. -
(Ad fontes; 1). - (88.2)

Svensk efterskrift af Tomas Hägg.

HERODIAN.
Generel litteratur om forfatteren.
194. HOLBERG, LUDVIG: Om årsagen til Roms umaadelige tilvæxt. -
s. 295-317. - i bd. 8 af Værker i tolv Bind : Digteren, Historikeren, Juristen, Vismanden / udg. med indledning og
kommentarer af F. J. Billeskov Jansen ; billedred. og billedtekst ved F. J. Billeskov Jansen og Volmer Rosenkilde. -
Rosenkilde og Bagger, 1970. - 343 s., 12 tav. - (04.6)

Udkom første gang 1746 som indledning til Holbergs Oversættelse af Herodian.

HERODOT.
Historiae.
195. HERODOT: Herodots historie / oversat af Thure Hastrup og
Leo Hjortsø. - Gyldendal, 1979. - 2 bd. - (88.2, 91.225,
91.43)

Bd. 1: Bog I-IV. - 299 s., [18 tav.].
Bd. 2: Bog V-IX. - 305 s., [16 tav.].
Anm. s. 720 i Gymnasieskolen 1979, 62. årg., nr. 17 af
Palle W. Nielsen.

196. HERODOT: Ægypten : Herodots historie : anden bog = Euterpe / oversat af F. Falkenstjerne og gennemgået af M. Cl. Gertz . - 2. udg. / på ny gennemgået af P. J. Svendsen. - Nihil Press, 1974. - 144 s. - (88.2, 91.21)

   1. udg. 1897.

   Samlede og blandede skrifter.
197. ❋ [HERODOT]: Herodot i Udvalg / ved Thure Hastrup og Leo Hjortsø. - 8. udg., 6. opl. - Gyldendal, 1979. - 125 s. : ill., [1] sammenfoldet kort. - (88.2)

   1. udg. 1950.
   Bibliografi s. 120.

HESIOD.
   Scutum.
198. JENSEN, JENS P.: Personifikation, symbol og allegori i pædagogisk sammenhæng - fra den gymnasiale arbejdsmark. - s. 5-6. - i Fra den klassisk-filologiske hverdag : H. Friis Johansen quinquagenario / udg. af P. S. Sørensen og G. Torresin. - Vox Populi, 1977. - 56 s. - (89.15)

   Undervisningsvejledning til oldtidskundskab.

   Theogonia.
199. ALSTER, BENDT: Hesiods Theogoni i lyset af orientalske kilder. - s. 3-24. - i Museum Tusculanum 1977, nr. 30-31.

   Resumé på engelsk s. 24.
   Diskussion af 200.

200. ANDERSEN, LENE: Nogle forudsætninger for Hesiods Theogoni. - s. 3-19. - i Museum Tusculanum 1976, nr. 27.

   Resumé på engelsk s. 19.

201. ANDERSEN, LENE: Overvejelser over mytebegrebet. - s. 3-14
      . - i Museum Tusculanum 1978, nr. 32-33.

      Svar på 199.

      Samlede og blandede skrifter.
202.✳ HESIOD: Theogonien ; Værker og dage ; Skjoldet / [oversat
      fra græsk med indledning og noter] ved Lene Andersen. -
      3. opl. - Gyldendal, 1979. - 95 s. - (Klassikerforeningens
      Udgaver). - (88.2)

      1. udg. 1973.
      Bibliografi s, 88-89.
      Anm. s. 576 i Gymnasieskolen 1974, 57. årg., nr. 10 af Rolf
      Hesse, s. 16-22 i Vox Populi 1974, 3. årg., nr. 3 af U. M.
      og s. 103-111 i Museum Tusculanum 1975, nr. 25-26 af Ulrich
      Mønsted.
      Diskussion af anmeldelse s. 100-102 i Museum Tusculanum
      1976, nr. 27 af Lene Andersen.
      Svar til Lene Andersen s. 146-147 i Museum Tusculanum 1977,
      nr. 30-31 af Ulrich Mønsted.

      Generel litteratur om forfatteren.
203. ANDERSEN, LENE: Introduktion til Hesiod. - Museum Tuscula-
      num : Institut for klassisk Filologi, 1977. - 140 s. -
      (Opuscula Graecolatina; nr. 12). - (Museum Tusculanum. Tillæg)
      . - (99.4 Hesiod, 81.11)

      Bibliografi s. 125- 131.

HIPPOKRATES.
      Epidemiae.
204. WILLUM MORTENSEN, OLE: Specialeresumé af En analyse af de
      hippokratiske Epidemiae's form og indhold. - Aarhus Univer-
      sitet. - s. 98-102. - i Museum Tusculanum 1975, nr. 25-26.

      Bibliografi s. 101-102.

Samlede og blandede skrifter.
205. [HIPPOKRATES]: Hippokrates fra Kos. - s. 1-5, I-V. - i
Florilegum Medicum /excerpsit Niels W. Bruun. - 2 opl. -
[Niels W. Bruun], 1973. - 23 s. + XXI s.

Latinske tekster med gloser.

HISTORIA AUGUSTA.
206. DAMSHOLT, TORBEN: Historia Augusta problemet. - Gad, 1971. -
68 s. - (Studier fra Sprog- og Oldtidsforskning / udg. af
Det filologisk-historiske Samfund; nr. 277). - (81.11)

Bibliografi s. 67-68.
Anm. s. 1046 i Gymnasieskolen 1972, 55. årg., nr. 17 af
Rolf Hesse og s. 69-70 i Museum Tusculanum 1972, nr. 19 af
Karsten Friis-Jensen.

HOMER.
Hymni.
207. HOMER: Homers hymner / oversat af Alex Garff og Leo Hjortsø
; udg. af Leo Hjortsø. - 2. opl. - Gyldendal, 1976. - 90 s. :
ill. - (88.2)

1. udg. 1961.
Bibliografi s. 92.
Ill. med raderinger af Karen Westmann.

Ilias.
208.* [HOMER]: Af Homers Iliade / oversat af Christian Wilster ;
udg. ved E. Fox Maule og Leo Hjortsø. - 8. opl. - Gyldendal,
1979. - 211 s. : ill., 2 kort. - (88.2)

1. udg. 1959.
Bibliografi s. 205.

209.   [HOMER]: Homers Iliade / oversat af Christian Wilster. - ny
        udg. ved A. Kragelund. - Aschehoug. - 5 bd. - (88.2)

        Bd. 1: 1.-6. sang. - 2. udg. - 1970 [i.e. 1973]. - 95 s. :
        ill. - 1. udg. 1930.

210.   KRAGELUND, A.: Iliaden : indledning og kommentar. - 9.
        opl. - Aschehoug, 1969. - XXXVI + (56) s. + 8 s. (ord-
        liste til Iliaden og Odysseen) : ill. - (88.2)

        1. udg. 1930.

211.   HOMER: Homers Iliade i udvalg / efter Wilsters oversættelse
        ; med indledning og forklarende noter ved Carl V. Øster-
        gaard. - 15. opl. - Branner og Korch, 1978. - VIII, 120 s. -
        (88.2)

        1. udg. Pio 1910.
      * Forklarende Noter / ved Carl V. Østergaard. - 15. opl. -
        1970 [i.e. 1979]. - 20 s. - (88.2)
        1. udg. Pio 1910.
        Noterne findes også som del af hovedbogen.

212. * HOMER: Iliaden / oversat [på prosa] af Otto Gelsted ; ill.
        af Axel Salto. - 11. opl. - Thaning & Appel, 1979. - 267 s.
        : ill. - (88.2)

        1. udg. 1955.

213.   HYNDING, H. C.: Gloser til Iliadens I sang. - Gyldendal,
        1967. - 28 s. - (Klassikerforeningens Udgaver). -(89.11)

        Anm. s. 400 i Gymnasieskolen 1968, 51. årg., nr. 7 af Ole
        Balslev.

214. KRARUP, PER: 1. opponent ved Øivind Andersen: Paradeigmata.
Beiträge zum Verständnis der Ilias. - s. 65-78. - i Edda
1977, hft. 2.

Odyssea.
215. HOMER: Homers Odyssé / oversat af Christian Wilster. -
ny udg. ved A. Kragelund. - Aschehoug. - 3 bd. - (88.2)

1. udg. 1928.
Hft. I: 1-12 sang. - 9. opl. - 1968. - 148 s. : ill.
Hft. II: 13-24 sang. - 4. opl. - 1969. - 137 s. : ill.

216. KRAGELUND, A.: Odysseen : indledning og kommentarer. -
2. udg. - Aschehoug, 1970. - XVII + (33) s. + 8 s. (ord-
liste til Iliaden og Odysseen) : ill. - (88.2)

1. udg. 1928.

217. HOMER: Homers Odyssé / oversat af Christian Wilster ; udg.
ved E. Fox Maule og Leo Hjortsø. - 8. opl. - Gyldendal, 1979
. - 376 s. : ill. - (88.2)

1. udg. 1964.

218.* HOMER: Homers Odyssee i udvalg / efter Wilsters oversættelse
; med forklarende noter ved Carl V. Østergaard. - 12. opl. -
Branner og Korch, cop. 1977. - 95 s. - (88.2)

1. udg. Pio 1911.
Forklarende noter. - 11. opl. - cop. 1977. - 16 s. - 1. udg.
Pio 1911.
Sammenbundet med hovedbogen.

219. * HOMER: Odysseen / oversat [på prosa] af Otto Gelsted ; ill.
    af Axel Salto. - 11. opl. - Thaning & Appel, 1979. - 281 s.
    : ill. - (88.2)

    1. udg. 1954.

220. AUERBACH, ERICH: Odysseus' skramme. - s. 11-37. - i Mimesis
    : virkelighedsgengivelse i den vesterlandske litteratur /
    oversat af Helge Hultberg. - Munksgaard, 1965. - 343 s. -
    (Munksgaardserien; 16). - (81.04)

221. BOSERUP, KARIN: Specialeresumé af Homer: Økonomien i Odys-
    seen med særligt hensyn til Telemachoshandlingen. - Køben-
    havns Universitet. - s. 39-46. - i Extracta 1968, 1.

    Bibliografi s. 45-46.

222. BOSERUP, KARIN: Telegonos og Telemachos. - s. 39-44. - i
    Museum Tusculanum 1968, 2. årg., hft. 8.

    Bibliografi s. 44.
    Specialeresumé af Homer: Økonomien i Odysseen med særligt
    hensyn til Telemachoshandlingen. - Københavns Universitet.

223. HYNDING, H. C.: Gloser til Odysseens IX sang. - Gyldendal,
    1967. - 32 s. - (Klassikerforeningens Udgaver). - (89.11)

    Anm. s. 400 i Gymnasieskolen 1968, 51. årg., nr. 7 af Ole
    Balslev.

224. HYNDING, H. C.: Gloser til Odyssens VI sang. - Gyldendal,
    1968. - 20 s. - (Klassikerforeningens Udgaver). - (89.11)

    Anm. s. 400 i Gymnasieskolen 1968, 51. årg., nr. 7 af Ole
    Balslev.

225. SKAFTE JENSEN, MINNA: Odysseus som fortæller. - s. 27-39. -
      i Museum Tusculanum 1970, nr. 13.

226. SMITH, OLE: En randbemærkning til Odysseen, II sang vers 57-
      58. - s. [7]. - i Vox Populi [1973], 2. årg., nr. 3.

227. THRANHOLM, MADS: Fragmenter af rejsens mytologi : Odysseus-
      myten hos Homer og i den senborgerlige litteratur. - Gylden-
      dal, 1979. - 182 s. - (81.08)

      Bruderovet: det græske syndefald. Odysseus' odyssé. Apollinsk-
      dionysisk. s. 17-45.

      Samlede og blandede skrifter.
228. HOMER: Homer / oversat af Christian Wilster. - Museum Tuscu-
      lanum, 1979-   . -   bd. - (Ad fontes; bd. 2). - (88.2)

      Del 1: Homers Iliade / [red. Kai Møller Nielsen]. - Optryk
      af førsteudgaven 1836. - 1979. - 438 s.
      Del 2: Homers Odyssee / [red. Kai Møller Nielsen]. - Optryk
      af førsteudgaven 1837. - 1979. - 343 s.

229. MØLLER NIELSEN, KAI: Ordforklaringer til Christian Wil-
      sters oversættelser af Iliaden og Odysseen i Museum Tus-
      culanums optryk af førsteudgaverne (1979). - 3. opl. -
      Museum Tusculanum, 1980. - 24 s. - (89.63)

      1. udg. 1979.

Generel litteratur om forfatteren.
230. MØLLER NIELSEN, KAI: Homeroversættelser og heksameterdigte
: linjer gennem den danske litteraturs historie. - Odense
Universitetsforlag, 1974. - 299 s. - (81.69, 81.11)

Bibliografi s. 269-271.
Resumé på engelsk s. 265-268.
Doktordisputats.
Anm. s. 168-172 i Danske Studier 1976 af Erik Petersen og
s. 58-65 i Museum Tusculanum 1976, nr. 27 af Lene Andersen.

231. SKAFTE JENSEN, MINNA: Hovedlinier i de sidste årtiers Homer-
forskning. - Gad, 1968. - 104 s. - (Studier fra Sprog- og
Oldtidsforskning / [udg. af] Det filologisk-historiske Sam-
fund; nr. 267). - (81.1)

Bibliografi s. 86-93.

HORATS.
Carmina.
232. HORATS: O fons bandusiae. Vor vej er fælles. Solvitur acris
hiems. - s. 1-2, 23. - i Vox Populi 1974, 3. årg., nr.3.

Oversat til dansk.

233. HORATS: Det store sus - og det lille : til Jullus Antonius
/ oversat af Ole Thomsen. - s. 10-11. - i Vox Populi 1976,
5. årg., nr. 1.

Carm. IV 2.

234. Eksempler på litterære tolkninger af Horats' oder. - s. 9-32
. - i Museum Tusculanum 1970, nr. 14.

Bibliografi s. 32.
Indhold: 1,1 Gert Sørensen s. 9-12.
         1,9 Anne Louise Paldam s. 12-15.
         1,19 Marianne Alenius s. 15-19.
         1,20 Jørgen Mejer s. 20-25.
         1,37 Troels Engberg s. 26-32.

235.   HANSEN, PETER ALLAN: Integer vitae. - s. 48-51. - i
       Museum Tusculanum 1971, nr. 17.

       Bemærkninger til 234 (Jørgen Mejers indlæg). Se også 236.

236.   HANSEN, PETER ALLAN: Integer vitae : en tilføjelse. -
       s. 48-50. - i Museum Tusculanum 1971, nr. 18.

       Se også 234-235.

       Epodi.
237.   JUHL JENSEN, JENS: Navnene "Caesar" og "Maecenas" i Horats'
       epoder. - s. 14-17. - i Museum Tusculanum 1970, Nr. 16.

       Sermones.
238.   KIRKEGAARD, LARS: Venus parabilis facilisque : Horats' satire
       1,2. - Odense Universitet, 1979. - 99 s. - (Skrifter / udg.
       af Institut for klassiske studier). - (99.4 Horats, 81.11)

       Bibliografi s. 94-99.
       Speciale.

       Generel litteratur om forfatteren.
239.   HALSTRØM, KAREN MARGRETHE: Specialeresumé af Horats' forhold
       til Augustus. - Københavns Universitet. - s. 123-125. -
       i Extracta 1969,2.

       Bibliografi s. 125.

240.   NIELSEN, KARL: Horats : midt i en have. - Københavns Univer-
       sitets Fond til Tilvejebringelse af Læremidler : Jørgen Palu-
       dan, 1968. - 174 s. : 9 tav. - (99.4 Horats, 81.11)

       Bibliografi s. 165-167.
       Anm. s. 1112 i Gymnasieskolen 1969, 52. årg., nr. 19 af
       Finn Hobel.

241. TORRESIN, GIUSEPPE: Bibliografisk orientering over Horats. -
s. 9-10. - i Vox Populi 1974, 3. årg., nr. 2.

JAMBLICHOS FRA CHALKIS.
Generel litteratur om forfatteren.
242. PINBORG, JAN: Jamblichos som Aristoteles-kommentar : nogle
bemærkninger i anledning af Bent Dalsgaard Larsens disputats
. - s. 93-105. - i Museum Tusculanum 1973, nr. 21-22.

KALLIMACHOS.
Fr. 110 Pf.
243. HANSEN, PETER og CHR. GORM TORTZEN: Berenikes plokamos -
Coma Berenices. - s. 29-54. - i Museum Tusculanum 1973, nr. 20.

Kallimachos' digt sammenlignet med Catuls version.

LACTANTIUS.
Forfølgernes død.
244. LACTANTIUS: Forfølgernes død. Det anonyme skrift: Kejser
Konstantins oprindelse / oversat af Torben Damsholt. -
Selskabet til Historiske Kildeskrifters Oversættelse :
Munksgaard, 1971. - 92 s. - (20.8)

Bibliografi s. 25-27.
Anm. s. 47 i Den danske Realskole 1972, 74. årg., nr. 1-2
af Jørn Jørgensen.

LIVIUS.
Ab urbe condita.
245. LIVIUS: Hannibal og Scipio : Livius' romerske historie :
bog 27-30 / oversat af Hanne Goldschmidt. - Selskabet til
Historiske Kildeskrifters Oversættelse : Munksgaard, 1974. -
376 s. - (88.2, 91.47)

Indledning ved Niels M. Saxtorph og Jens Erik Skydsgaard.
Anm. s. 12-13 i 1066. Tidsskrift for Historisk Forskning
1974, 3. årg., nr. 8 af Merete N. Christensen og s. 73-75 i
Museum Tusculanum 1976, nr. 27 af Ole Thomsen.

MARTIAL.
Generel litteratur om forfatteren.
246. HANNESTAD, LISE: Middag hos Martial. - s. 11-15, 28-30 : ill. - i Sfinx 1977-78, 1. årg., nr. 1.

247. JUEL, AXEL: Martial og hans epigrammer. -s. 39-42. - i Gyldendals Julebog 1948 : Axel Juel : udgivet som manuskript . - Gyldendal, 1948. - 56 s. : ill. - (04)

MARTIANUS CAPELLA.
Generel litteratur om forfatteren.
248. FRIIS-JENSEN, KARSTEN: Nogle Matianus Capella-lån hos Saxo. - s. 76-80. - i Museum Tusculanum 1978, nr. 32-33.

MENANDER.
Samia.
249. MENANDER: Pigen fra Samos = Samia : komedie i fem akter / udg. med en oversættelse af Johannes Thomsen. - Museum Tusculanum, 1977. - 84 s., 4 tav. : ill. - (Opuscula Graeco-latina; nr. 16). - (88.1, 88.2)

NEPOS.
Vita Hannibalis.
250. NEPOS: Hannibal / forsynet med paralleloversættelse, gloser og kommentarer af Inger Due. - Gyldendal, 1977. - 52 s., 2 tav. - (88.1, 88.2)

Anm. s. 545 i Gymnasieskolen 1978, 61. årg., nr. 10 af Palle W. Nielsen.

Vita Attici.
251. NEPOS: Vita Attici = Atticus' liv og levned / oversat af H. C. Hynding. - Nyt Nordisk, 1973. - 33 s. + 8 s. (gloser). - (Latinske Texter med Dansk Paralleloversættelse; I). - (88.1, 88.2)

Anm. s. 258 i Gymnasieskolen 1974, 57. årg., nr. 5 af Rolf
Hesse, s. 442 i Gymnasieskolen 1974, 57. årg., nr. 8 af
Allan Lund og s. 48-51 i Museum Tusculanum 1974, nr. 23 af
Niels W. Bruun.

OVID.

Amores.

252. DUE, OTTO STEEN: "Amores" i skolen : diatribe på et regionalmøde i Klassikerforeningen. - s. 20-40. - i Museum Tusculanum 1976, nr 27.

Ars amandi.

253. OVID: Elskovskunsten / gendigtet af Walt Rosenberg ; ill. af Maggi Baaring. - Stig Vendelkær, 1968. - 118 s., 24 tav. - (88.2)

Metamorphoses.

254. OVIDIUS NASO, PUBLIUS: Forvandlingerne : uddrag af Matthias Moths oversættelse af Ovids Metamorphoses / udg. for Universitets-Jubilæets danske Samfund af Poul Lindegård Hjorth ; med 7 kobberstik af G. Valck. - Akademisk, 1979. - 183 s. : ill. - (Universitets-Jubilæets Danske Samfunds skriftserie; nr. 475). - (88.2)

Uddrag af Matthias Moths hidtil utrykte oversættelse fra det 17. århundrede.

255. OVID: Ovids metamorphoser : Actæon / oversat af Walt Rosenberg. - [Eget forlag], 1966. - 14 upag. s. : ill. - (88.2)

Ill. af Axel Saltö.

256. OVID: Pomona et vertumnus / på dansk ved Otto Steen Due. - s. 12-14. - i Vox Populi 1972, 1. årg., nr. 8.

257. BOLT-JØRGENSEN, HENRIK: Forsøg på en immanent strukturel
analyse af II bog af Ovids Metamorphoser. - s. 72-79. - i
Museum Tusculanum 1969, nr. 11.

258. DUE, OTTO STEEN: Filologiske selvbetragtninger og Ovids
Echo og Narcissus. - s. 56-80. - i Museum Tusculanum 1977,
nr. 30-31.

Svar på 260 og 261.

259. DUE, OTTO STEEN: Ovids Ekko og Narcissus. - s. 124-143 :
ill. - i Convivium 1977.

Bibliografi s. 143.
Resumé på tysk s. 167.

260. FRIIS JOHANSEN, HOLGER: Opposition ved Otto Steen Dues disputats Changing Forms : den 13. december 1974. - s. 48-65. -
i Museum Tusculanum 1975, nr. 25-26.

Se også 258 og 261.

261. KRAGELUND, PATRICK: Tre indlæg om semiologi og filologi. -
s. 44-68 : ill. - i Museum Tusculanum 1976, nr. 28-29.

Bibliografi s. 52, 60-68.
Bl.a. kritik af Otto Steen Dues disputats Changing Forms.
Se også 258 og 260.

262. SAABY PEDERSEN, FRITZ: Bemærkninger ang. makrostrukturer i
Ovids Metamorfoser. - s. 59-69. - i Museum Tusculanum 1969,
nr. 11.

Bibliografi s. 69.

263. TANG, JESPER: Ovid : Pyramus og Thisbe. - s. 15-20. - i
Den oprørske elsker : kritik af vores kærlighedspraksis
gennem analyse af klassiske kærlighedsromaner. - Borgen,
cop. 1977. - 207 s. - (81.08, 13.7)

Generel litteratur om forfatteren.
264. DUE, OTTO STEEN: Ovid og Augustus. - s. 8-24. - i Museum
Tusculanum 1971, nr. 18.

265. EBBESEN, STEN: Ovidianske flotheder. - s. 7o-71. - i Museum
Tusculanum 1969, nr. 11.

Bibliografi s. 71.

266. JUHL JENSEN, JENS: Talæstetik og tekstrekonstruktion : Per-
sius og Ovid. - s. 25-42. - i Museum Tusculanum 1971, nr. 18.

PETRONIUS.
Satyricon.
267. [PETRONIUS]: C. Petronii Satyricon / delvis bearb. udvalg,
indledning, gloser og supplerende tekster ved Rolf Hesse. -
6. udg., 2. opl. - Akademisk, 1978. - 48 s. : ill. - (88.1)

Første gang i foreliggende udg. 1961.

268. PETRONIUS ARBITER: Cena Trimalchionis / udvalg ved H. H.
Ørberg. - H. H. Ørberg, 1978. - VIII, 56 s. - (88.1)

Tillæg: De 650 almindeligste latinske ord (8 s.).
Anm. s. 720 i Gymnasieskolen 1979, 62. årg., nr. 17 af
Palle W. Nielsen.

269. AUERBACH, ERICH: Fortunata. - s. 37-67. - i Mimesis : virkelighedsgengivelsen i den vesterlandske litteratur / oversat af Helge Hultberg. - Munksgaard, 1965. - 343 s. - (Munksgaardserien; 16). - (81.04)

Heri er også inddraget Tacitus' Annaler.

270.* KRAGELUND, A.: Holberg og Petronius' Satyrica. - Odense Universitetsforlag, 1977. - 89 s. - (99.4 Holberg, 81.63, 99.4 Petronius)

271. THOMSEN, OLE: Quodque facit populus candida lingua refert. - s. 39-43. - i Fra den klassisk filologiske hverdag : H. Friis Johansen quinquagenario / udg. af P. S. Sørensen og G. Torresin. - Vox Populi, 1977. - 56 s. - (89.15)

Om Otto Weinreich og Joris-Karl Huysmans fortolkning af Petronius' Satyricon.

272. THOMSEN, OLE: Trimalchios middag. - s. [25-26]. - i Vox Populi 1976, 5. årg., nr. 6.

PLATON.
Apologia.
273. PLATON: Sokrates' forsvarstale / på dansk ved Bo Grønbech. - Gyldendal, 1974. - 58 s. - (Gyldendals Traneklassikere). - (88.2)

Anm. s. 340 i Gymnasieskolen 1975, 58. årg., nr. 7 af Palle W. Nielsen og s. 68-71 i Museum Tusculanum 1976, nr. 27 af Andreas Simonsen.

Gorgias.
274. PLATON: Gorgias / ved Thure Hastrup og Ingemar Hedenius. - Gyldendal, 1977. - 284 s. - (Platonselskabets skriftserie; 4). - (88.2, 10.8)

Ingemar Hedenius: Kommentar till Platons Gorgias. - s. 137-284.- (svensk).

Parmenides.
275. GJØRUP, IVAR: "Alt det der siges" : en fodnote til Platons "Parmenides", 127e. - s. 26-31. - i Fra den klassisk filologiske hverdag : H. Friis Johansen quinquagenario / udg. af P. S. Sørensen og G. Torresin. - Vox Populi, 1977. - 56 s. - (89.15)

Bibliografi s. 30-31.

Phaedo.
276. BRØNDUM, NIELS: Om flertydighed i Platons Phaidon. - s. 18-24. - i Museum Tusculanum 1976, nr. 28-29.

277. HASS, JØRGEN: Platons "Phaidon" : struktur og argument. - [Filosofisk Institut ved Odense Universitet], 1972. - 55 bl. - (99.4 Platon, 10.911)

Phaedrus.
278. FOSS, OTTO: Critica. - s. 17-19. - i Vox Populi 1972, 1. årg., nr. 7.

Kritisk betragtning af to Faidros-steder (253d og 275d).

Politicus.
279. PLATON: Fuldkommen retfærdighed. - s. 11-17. - i Det gode
samfund : politisk tænkning fra oldtid til nutid / ved Erik
Rasmussen. - 2. opl. - Gyldendal, 1975. - 76 s. - (Historiske Kilder. - (32.01)

1. udg. 1973.
Bibliografi s. 79.

Protagoras.
280. PLATON: Protagoras : en dialog / ved Thure Hastrup. - 2.
udg., 2. opl. - Gyldendal, 1973. - 101 s. - (Klassikerforeningens Udgaver). - (88.2)

1. udg. 1954.
Bibliografi s. [103].

Res publica.
281. PLATON: Staten / red. og oversat af Hans Ræder. - 2. opl. -
Hans Reitzel, 1977. - 399 s. - (88.2)

1. udg. 1975. (fotografisk optrykt efter Staten 1-2, 1961).
Anm. s. 295 i Gymnasieskolen 1975, 58. årg., nr. 6 af Palle
W. Nielsen.

Symposium.
282.* PLATON: Symposion / ved Per Krarup ; [oversat af Per Krarup
... et al.]. - 8. opl. - Gyldendal, 1979. - 86 s. - (Klassikerforeningens Udgaver). - (88.2)

1. udg. 1955.
Bibliografi s. [87].

Theaetetus
283. FRIIS JOHANSEN, KARSTEN: Om Platons Theaitetos. - s. 33-
58. - i Museum Tusculanum 1970, nr. 14.

Bibliografi s. 33.

Samlede og blandede skrifter.
284. [PLATON]: Sokrates' domfældelse og død / ved Hartvig Frisch
. - 9. opl. - Studentersamfundets Oplysningsforening : Fremad,
1970. - 116 s. : ill. - (Kultur og Videskab). - (88.2)

1. udg. 1932.
Forsvarstalen. Kriton. Begyndelsen og slutningen af Faidon.

285. [PLATON]: Tændt af sin søgen efter sandheden som af en ild
/ ved Jørgen Elbek. - Fremad, 1973. - 93 s. - (Fremads Fokus-
bøger). - (88.2)

Rygtitel: Platons Platon.
Nyoversættelse af dele af Platons værker: fra Symposion,
Faidon, Syvende Brev, Faidros, Staten og Timaios.

286. [PLATON]: Udvalg af Platons skrifter / ved Otto Foss og Per
Krarup. - 11. opl. [i.e. ny udg.]. - Munksgaard, [1978]. -
139 s. - (88.2)

1. udg. 1940.
Sokrates' forsvarstale, Kriton, slutningen af Faidon og
begyndelsen af Menon.

287. JØRGENSEN, OVE: Platon på dansk. - s. 131-141. - i Udvalgte
skrifter : Ballet-Klassisk-Litteratur-Kunst / udg. af Henning
Krabbe ; med indledning af Thure Hastrup. - Thaning & Appel,
cop. 1971. - 207 s. : 1 portræt. - (70.4)

Tidligere trykt i Politiken 24.4.1933 i anledning af første
bind af Platons Skrifter / udg. ved Carsten Høeg og Hans
Ræder, 1932-41.

Generel litteratur om forfatteren.
288. ANDREASEN, VICTOR: Hvem var Platon?. - s. 12-14 : ill. - i
Samvirke 1977, 50. årg., nr. 2.

289. BJØRN LARSEN, PER: Hvordan arbejder du?. - s. [5-10]. -
i Vox Populi 1975, 4. årg., nr. 1.

Problemer omkring metodevalg med eksempel i Platon.

290. DURANT, WILL[IAM]: Store tænkere / oversat og bearb. af
Krista og Jørgen Jørgensen. - 6. fork. udg. - Jespersen og
Pio, 1973. - 349 s. - (10.9)

1. udg. 1932.
Om Platon og Aristoteles s. 13-65.

291. FRIEDRICH, CARL J.: Platon : retfærdighedens idé og den po-
litiske elite. - s. 67-78. - i Politisk teori : en introduk-
tion / på dansk ved Bente Skovmand. - Jørgen Paludan, [1969]
. - 158 s. - (Paludans fiolbibliotek; 21). - (32)

292. FRIIS JOHANSEN, KARSTEN: Platons og Aristoteles' statslære. -
s. 7-39 : ill. - i Politiske ideologier : fra Platon til Mao
. - 3. udg. / red. tilrettelæggelse: Erik Langkjær. - Poli-
tiken, [1979]. - 346 s. : ill. - (32.1)

1. udg. 1972 / red. af Svend Erik Stybe.
Bibliografi s. 335.

293. FRIIS JOHANSEN, KARSTEN: Platons opfattelse af sin plads
i filosofihistorien. - s. 47-51. - i Platonselskabet :
konferencen i København 1971 : rapport / med forord af Egil
Wyller ; udg. af Leo Hjortsø. - Platonselskabet, 1972. - 54
s. - (10.911)

294. KRARUP, PER: Nogle forskelle og ligheder mellem Platons og
 Ciceros statstanker : resumé. - s. 49. - i Platonselskabet.
 Nordisk Selskab for Antikkens Idétradition : individ og samfund i antik teori og praxis : foredrag og resuméer. - Institut for Klassisk Filologi ved Københavns Universitet,
 1977. - 112 s.

 Bibliografi s. 49.
 Symposium Stockholm-Uppsala 4.-7. juni 1975.

295. SLØK, JOHS.: Platon. - 4. opl. - Gad, 1978. - 97 s. - (Gads
 biografiserie). - (10.911, 99.4 Platon)

 1. udg. 1960.
 Bibliografi s. [98].

PLAUTUS.
 Amphitryo.
296. PLAUTUS: Amfitryon / oversat af H. H. Ørberg. - Eget forlag,
 1970. - 56 s. - (88.2)

 Anm. s. 454, 456 i Gymnasieskolen 1972, 55. årg., nr. 7 af
 Rolf Hesse.

297. UTILE DULCI'S TEATERKREDS: Plautus Amphitruo. - s. 7-23. -
 i Vox Populi 1973, 2. årg., nr. 4.

 Noter.

 Curculio.
298. PLAUTUS: Curculio : comoedia de parasitis, gloriosis et amore
 adulescentium / ved Steen Christensen. - Gyldendal, 1978. -
 104 s. : ill. - (88.1)

 Hertil hører lydbånd.

299. PLAUTUS: Snylteren : en komedie om svindlere, storskrydere
og ung kærlighed / på dansk ved Steen Christensen. - Gylden-
dal, 1978. - 76 s. : ill. - (88.2)

Hertil hører lydbånd.
Ill. af Lars Kjædegaard.

Miles gloriosus.
300. TORRESIN, GIUSEPPE: Miles Gloriosus : nogle bibliografiske
bemærkninger. - s. 29-33. - i Agora 1979, 1. årg., nr. 5.

Rudens.
301. TERKELSEN, PETER: Hvem er Trachalio i Rudens v. 1177?. -
s. 11-13. - i Fra den klassisk filologiske hverdag : H.
Friis Johansen quinquagenario / udg. af P. S. Sørensen og
G. Torresin. - Vox Populi, 1977. - 56 s. - (89.15)

Generel litteratur om forfatteren.
302. ESPENHAIN, LENE: Løst og fast om Plautus - og hans Aulularia
. - s. 10-14 : ill. - i Rostra 1977, nr. 2.

PLINIUS DEN YNGRE.
Epistulae.
303. PLINIUS den YNGRE: Plinii atque Traiani : epistolae selectae
e libro decimo = Plinius og Trajan : udvalgte breve fra 10.
bog / udvalgt og oversat af Jørgen Bjernum. - Nyt Nordisk,
1973. - 54 s. + 11 s. (gloser). - (Latinske texter med dansk
paralleloversættelse; 2). - (88.1, 88.2)

Anm. s. 258 i Gymnasieskolen 1974, 57. årg., nr. 5 af Rolf
Hesse og s. 75-77 i Museum Tusculanum 1976, nr. 27 af Gunnar
Andersen.

304. PLINIUS den YNGRE: Til Tacitus / oversat af Gunnar Andersen
. - s. 7 : ill. - i Louisiana Revy 1977, 18. årg., nr. 1.

Bibliografi s. 28.
Med titlen: Pompeii's ødelæggelse - et vidne fra samtiden.
Indledning af Jens Erik Skydsgaard.

305. PLINIUS den YNGRE: Udvalg af den yngre Plinius' brevveksling
/ oversat af C. M. Rosenberg. - 10. udg., [2. opl.]. - Munks-
gaard, 1972 [i.e. 1975]. - 37 s. - (88.2)

1. udg. 1922.
Bibliografi s. [38].

PLINIUS DEN ÆLDRE.
Naturalis historia.
306.* PLINIUS SECUNDUS, C.: Græsk-romersk kunsthistorie / oversat
af Jacob Isager. - Odense Universitet, 1978. - - bd. -
(Skrifter / udg. af Institut for klassiske studier). -
(88.2, 91.3)

Malerkunsten og terrakottakunsten : 35. bog af Naturalis
Historia §§ 1-173. - 1978. - 48 bl.
Marmorskulptur og arkitektur, stenarternes natur : 36. bog
af Naturalis Historia. - 1979. - 121 s.

PLOTIN.
Generel litteratur om forfatteren.
307. GREEN-PEDERSEN, N. J.: Plotin om de aristoteliske kategorier
. - s. 23-27. - i Museum Tusculanum 1969, nr. 12.

Bibliografi s. 27.

PROPERTS.
Elegier.

308. DUE, OTTO STEEN: Occultis manibus. - s. 22-26. - i Fra den
klassisk filologiske hverdag : H. Friis Johansen quinqua-
genario / udg. af P. S. Sørensen og G. Torresin. - Vox
Populi 1977. - 56 s. - (89.15)

Om fortolkning af Properts I,16 vers 43.

PROTAGORAS.
Generel litteratur om forfatteren.
309. BERNSEN, NIELS OLE: Protagoras' homo-mensura-sætning. -
s. 1-35. - i Symposion 1974, 6. årg., nr. 4.

Bibliografi s. 35.
Publiceret i lidt forandret version under titlen "Protagoras'
homo-mensura-thesis" s. 109-145 i Classica et Mediaevalia
1974, vol. XXX.

PTOLEMAIOS.
Almagest.
310. HANSEN, PETER: anm. af Olaf Pedersen: A survey of the Alma-
gest. - Odense Universitetsforlag, 1974. - 454 s. : ill. -
(Acta Historica Scientiarum Naturalium etMedicinalium; 30)
. - (52, 99.4 Ptolemaios). - s. 77-80. - i Museum Tuscula-
num 1976, nr. 27.

311. MOESGAARD, KRISTIAN PEDER: Ptolemaios' Almagest. - s. 17-
23 : i fig. - i Kosmos af chronos : træk af en udviklings-
historie for vort astronomiske verdensbillede. - Det lærde
selskab i Aarhus, 1977. - 52 s. : 1 fig. - (Acta Jutlandica;
XLVII. Naturvidenskabelig Serie; 7). - (52.07)

SALLUST.
Bellum Iugurthinum.
312. KRAGELUND, PATRICK: Tema og anekdote i Sallusts "Bellum Ju-
gurthinum". - s. 23-42. - i Museum Tusculanum 1972, nr. 19.

Generel litteratur om forfatteren.
313. ØRSTED, PETER: anm. af Unto Paananen: Sallust's Politico - social Terminology : its Use and Biographical Significance. - Ann Arbor, 1976. - 127 s. - (Annales Academiae Scientiarum Fennicae. Ser. B; tom. 175). - s. 656-658. - i Historisk Tidsskrift 1973, 12. rk., bd. VI, hft. 3-4.

SAPFO.
Fr. 1.
314. SMITH, HANNE: Hvorfor smiler Afrodite? : udkast til en indholdsanalyse af Sappho Fr. 1 (L.P.). - s. 16-22. - i Museum Tusculanum 1974, nr. 24.

Resumé på engelsk s. 22.

SENECA.
Ad Marciam.
315. SENECA: Trøsteskrift til Marcia : X-XI / oversat af M. Cl. Gertz. - Hjorths Tryk, 1965. - 16 upag. s. - (88.2)

Epistulae.
316. ALENIUS, MARIANNE: Døden og venskabet : en studie i Senecas breve. - Gad, 1974. - 93 s. - (Studier fra Sprog- og Oldtidsforskning / udg. af Det Filologisk-Historiske Samfund; nr. 286). - (15, 99.4 Seneca)

Phaedra.
317. ALMAR, KNUD: En gennemgang af Senecas metrik med udgangspunkt i Phaedra. - s. 15-26. - i Museum Tusculanum 1970, nr. 13.

Thyestes.
318. SENECA, LUCIUS ANNAEUS: Thyestes / ved Leo Hjortsø. - Gyldendal, 1977. - 90 s. - (Klassikerforeningens Udgaver). - (88.1, 88.2)

Bibliografi s. 85.
Anm. s. 1303 i Gymnasieskolen 1977, 60. årg., nr. 23 af Palle W. Nielsen.

Samlede og blandede skrifter.
319. SENECA: Om vrede ; Om mildhed ; Om sindsro / på dansk ved
Villy Sørensen. - 4. opl. - Gyldendal, 1977. - 138 s. -
(88.2)

1. udg. 1976.
Anm. s. 563-567 i Højskolebladet 1976, 101. årg., nr. 35
af Knud Hansen.

Generel litteratur om forfatteren.
320. EKNER, ANNE: Personskildringer i Senecas tragedier. - s. 7-
13. - i Vox Populi 1974, 3. årg., nr. 4.

Bibliografi s. 12.

321. HINDSBERGER, MOGENS: Stoisk filosofi i Senecas tragedier. -
s. 11-14. - i Museum Tusculanum 1970, nr. 13.

Bibliografi s. 14.

322.* SKOVGAARD-HANSEN, MICHAEL: Monisme og dualisme hos L. Annaeus
Seneca. - Odense Universitet, 1978. - 35 s. - (Skrifter /
udg. af Institut fir Klassiske Studier). - (10.911, 99.4
Seneca)

323. SØRENSEN, VILLY: Seneca : humanisten ved Neros hof. - 3. opl. -
Gyldendal, 1977. - 369 s., [27] tav. - (91.47, 99.4 Seneca)

1. udg. 1976.
Uddrag (s. 155-162) s. 41-46 i Museum Tusculanum 1976, nr.
27.
Anm. s. 563- 567 i Højskolebladet 1976, 101. årg., nr. 35
af Knud Hansen.

324.   ALENIUS, MARIANNE: Sørensens Seneca - Seneca eller Sørensen?. - s. 81-106. - i Museum Tusculanum 1977, nr. 30-31.

Diskussion af 323.

325.   BONDE JENSEN, JØRGEN: Fortilfælde og forskel : om forholdet mellem fortid og nutid i Villy Sørensens bog om Seneca Humanisten ved Neros hof. - s. 92-112. - i Kritik 1978, nr. 45.

Diskussion af 323.

SOFOKLES.
    Antigone.
326.   SOFOKLES: Antigone / oversat af Thor Lange. - 13. opl. - Gad, 1969. - 64 s. - (88.2)

1. udg. 1893.

327.   SOFOKLES: Antigone / ved Niels Møller. - 18. opl. - Gyldendal, 1977. - 98 s. - (Klassikerforeningens Udgaver). - (88.2)

1. udg. 1894.
Bibliografi s. [99-100].

328.   SOFOKLES: Antigone / oversat af Otto Foss. - Hans Reitzel, 1977. - 99 s. - (88.2)

Anm. s. 318 i Gymnasieskolen 1978, 61. årg., nr. 6 af Palle W. Nielsen.

    Oedipus tyrannus.
329.   SOFOKLES: Kong Ødipus / oversat af Otto Foss. - Hans Reitzel, 1977. - 131 s. - (88.2)

Også med titlen: Ødipus.
Anm. s. 318 i Gymnasieskolen 1978, 61. årg., nr. 6 af Palle W. Nielsen.

330. SOFOKLES: Ødipus / ved Alex Garff og Leo Hjortsø. - 4. rev.
udg., 5. opl. - Gyldendal, 1977. - 119 s. : ill. - (Klassi-
kerforeningens Udgaver). - (88.2)

1. udg. 1958.
Også med titlen: Kong Ødipus.
Bibliografi s. [121].

331. BEHRENDT,POUL: Tekst og historie : omkring Ødipus som para-
digme. - s. 34-74. - i Kritik 1975, nr. 35.

SVETON.
De vita caesarum.
332. SUETON: Romerske kejsere / oversat af A. B. Drachmann ; med
forord af Leo Hjortsø. - [Ny udg.]. - Edito, 1971. - 381 s.
: 8 tav. - (Verdenslitteraturens Perler). - (91.47, 88.2)

1. udg. Thaning & Appel 1963 og 1964 (2 bd.).
Om Julius Cæsar, Augustus, Tiberius, Caligula, Claudius,
Nero, Galba, Otho, Vitellius, Vespasian, Titus, Domitian.

333. SUETON: Romerske kejsere / oversat af A. B. Drachmann ; med
forord af Leo Hjortsø. - Fotografisk genoptryk. - Thaning &
Appel, cop. 1977. - 2 bd. - (88.2, 91.47)

Bd. 1: Julius Cæsar, Augustus, Tiberius, Caligula. - 223 s.,
4 tav. - 1. udg. 1963.
Bd. 2: Divus Claudius, Nero, Galba, Otho, Vitellius, Divus
Vespasianus, Divus Titus, Domitianus. - 163 s., tav. 5-12. -
1. udg. 1964.

TACITUS.
Agricola.

334.　LUND, ALLAN A.: Om betydningen af Taciti Agricolae XI, 2 - et udkast. - s. 20-21. - i Fra den klassisk filologiske hverdag : H. Friis Johansen quinquagenario / udg. af P. S. Sørensen og G. Torresin. - Vox Populi, 1977. - 56 s. - (89.15)

Germania.
335.　TACITUS: Ex Cornelii Taciti Germania = uddrag af Tacitus' Germania / udvalgt og oversat af Jørgen Bjernum. - Nyt Nordisk, 1974. - 41 s. + 14 s. (gloser). - (Latinske texter med dansk paralleloversættelse; 3). - (88.1, 88.2)

Bibliografi s. 7.
Anm. s. 442 i Gymnasieskolen 1974, 57. årg., nr. 8 af Allan Lund, s. 566 i Gymnasieskolen 1974, 57. årg., nr. 10 af Rolf Hesse og s. 52-56 i Museum Tusculanum 1974, nr. 23 af Niels W. Bruun.

336.＊TACITUS: Germaniens historie, geografi og befolkning / udg. af Niels W. Bruun og Allan A. Lund. - 4. opl. - Wormianum, 1974 [i.e. 1979]. - 2 bd. - (88.1, 88.2, 91.27)

1. udg. 1974.
Omslagstitel: Germania.
Bd. 1: Germaniens historie, geografi og befolkning = De origine et situ Germanorum. - 90, 16 s. (gloser), 1 tav.
Parallel latinsk og dansk tekst.
Bd. 2: Kommentar. - 99 s., 1 tav. : ill.
Bibliografi s. 96-99.
Anm. s. 16-17 i Skalk 1974, nr. 4 og s. 112-114 i Museum Tusculanum 1975, nr. 25-26 af Palle W. Nielsen.

337.　BRUUN, NIELS W. og ALLAN A. LUND: Antikritik. - s. 102-104. - i Museum Tusculanum 1976, nr. 27.

338. LUND, ALLAN A.: Germaniae Vocabulum : et bidrag til for-
ståelsen af Germania 2, 5. - s. 69-81. - i Museum Tuscula-
num 1976, nr. 28-29.

339. LUND, ALLAN A.: Tacitus og moseligene (Germ. 12,1). - s.
26-33. - i Museum Tusculanum 1974, nr. 23.

Resumé på engelsk s. 33.

Historiae.
340. ØSTERGAARD, JAN STUBBE og TROELS ENGBERG: Analyse af 1.-3.
bog af Tacitus' Historiae. - s. 29-32. - i Museum Tuscula-
num 1970, nr. 16.

Generel litteratur om forfatteren.
341. GOTTSCHALCK RASMUSSEN, STEFFEN: Specialeresumé af Tacitus
og Tiberius. - Københavns Universitet. - s. 279-281
. - i Extracta 1971, 3.

Bibliografi s. 280-281.

342. KLEJNSTRUP-JENSEN, POUL: Tacitus som etnograf : social struk-
tur i Germanien. - s. 301-317. - i Kontaktstencil 1974, 8.

Bibliografi s. 316-317.

343. LUND, ALLAN A.: Fortid og fordom. - s. 19-27 : ill. - i
Skalk 1979, nr. 1.

Om romernes, specielt Tacitus', syn på germanerne.

344. SKYDSGAARD, JENS ERIK: anm. af Donald R. Dudley: The world
of Tacitus. - London: Secker & Warburg, 1968. - 271 s. -
s. 630-631. - i Historisk Tidsskrift 1969-1970, 12. rk.,
bd. IV.

TERENTS.
    Andria.
245. TERENTS: Andria / latinsk tekst med Thor Langes danske oversættelse ; indledning og noter af et hold studerende ved
Københavns Universitet. - Gyldendal, 1979. - 176 s. : ill. -
(88.1, 88.2)

Bibliografi s. 174-176.
Citeret fra hans Pigen fra Andros, 1912.

THEOFRAST.
    Karaktéres.
346. TEOFRAST: Mennesketyper eller Karaktéres / ved Henrik Haarløv. - 2. opl. - Gyldendal, 1979. - [81] s. : ill. - (88.2, 13.3)

1. udg. 1963 (Klassikerforeningens Udgaver).
Bibliografi s. 81 .

THEOGNIS.
    Elegiae.
347. OSTENFELD, E.: Marxistisk litteraturkritik - debatindlæg. -
s. 7-11. - i Vox Populi 1972, 1. årg., nr. 2.

Analyse af Theognis 373-392.
Se også 348-349.

348. THOMSEN, JOHS.: Indian summer uden lige eller spørgsmål
til Ostenfeld. - s. 3. - i Vox Populi 1972, 1 årg., nr. 3.

Debat af 347. Se også 349.

349.   SMITH, OLE: Theognis og fattigdommen - endnu en gang. -
        s. 4-6. - i Vox Populi 1972, 1. årg., nr. 3.

        I anledning af 348. Se også 347.
        Debat: Ostenfeld, E.: Et nykritisk svar. - s. 11-12.
            Smith, Ole   s. 13.
            Ostenfeld, E.: Et svar til Johs. - s. 13. -
            i Vox Populi 1972, 1. årg., nr. 4.

350.   WENDT NIELSEN, JØRGEN: Tolkning af Theognis Eleg. 1, vv.
        383-387. - s. 7-10. - i Vox Populi 1972, 1. årg., nr. 4.

        Se også 347 og 349.

        Generel litteratur om forfatteren.
351.   SMITH, OLE LANGWITZ: Fattigdom i Theognis. - s. 23-33. - i
        Museum Tusculanum 1974, nr. 24.

        Resumé på engelsk s. 33.

THUKYDID.
        V, 16, 1.
352.   JORSAL, FINN: Thukydids introduktioner af Kleon og hans af-
        sluttende vurdering af denne i V, 16, 1. - s. 3-18. - i
        Museum Tusculanum 1974, nr. 23.

        Bibliografi s. 17.
        Resumé på engelsk s. 17-18.

TIBUL.
        Generel litteratur om forfatteren.
353.   JUHL JENSEN, JENS: Poesi og talforhold : Tibuls elegier. -
        s. 87-100. - i Poetik 1967, serie I, nr. 1.

354.   Debat: Olesen, Karsten: Juhl Jensen eller Tibul.
        Boserup, Ivan: Hvem skrev Tibul for?
        Juhl Jensen, Jens: Tibuls poetiske teknik - et
        svar til Karsten Olesen og Ivan Boserup. -
        s. 62-69. - i Poetik 1968, serie I, nr. 4.

TYRTAIOS.
    Frg. 9.
355. MØLLER JENSEN, BRIAN: Tyrtaios frg. 9 (Diehl). - s. 31-38
    . - i Museum Tusculanum 1978, nr. 32-33.

VARRO.
    De re rustica.
356. SKYDSGAARD, JENS ERIK: Dansk resumé. - s. 125-129. - i Varro
    the scholar : studies in the First Book of Varro's De re rustica. - Munksgaard, 1968. - 133 s. - (Analecta Romana Instituti Danici; 4)(Supplementum). - (99.4 Varro)

    Doktordisputats.
    Bibliografi s. 130-133.
    Anm. s. 338-339 i Historisk Tidsskrift 1975, 13. rk., bd. II
    af Aksel E. Christensen.

    Generel litteratur om forfatteren.
357. SØRENSEN, PREBEN STEEN: Eksempler på Varros og Columellas
    forhold til slaveselvreproduktion. - s. 48-51. - i Fra den
    klassisk filologiske hverdag : H. Friis Johansen quinquagenario / udg. af P. S. Sørensen og G. Torresin. - Vox Populi,
    1977. - 56 s. - (89.15)

VERGIL.
    Aeneis.
358. VERGIL: Æneiden i udvalg / ved Otto Foss. - Gyldendal, 1968
    . - 110 s. - (88.1)

    Anm. s. 542 i Gymnasieskolen 1968, 51. årg., nr. 9 af Finn
    Hobel.

359. BOSERUP, KARIN: Brooks Otis, den "odysseiske" og den "iliadiske" Aeneide. - s. 4-14. - i Museum Tusculanum 1969, nr. 11.

Bibliografi s. 14.

360. EBBESEN, STEN: Vaticinia. - s. 56-58. - i Museum Tusculanum 1969, nr. 11.

Om sandsagn i Vergils Aeneide og Valerius Flaccus' Argonautica.

361. ENGBERG, KARIN MARGARETA: En analyse af 6. sangs funktion i Aeneiden. - s. 49-55. - i Museum Tusculanum 1969, nr. 11.

Bibliografi s. 49.

362. HESSE, JETTE: Analyse af femte sang i Aeneiden på grundlag af: Putnam: The poetry of the Aeneid, Four Studies in Imaginative Unity and Design. (Massachusetts 1965). Med forsøg på at finde ud af, hvilke størrelser i sangen man kan bruge betegnelsen motiv om. - s. 31-34. - i Museum Tusculanum 1969, nr. 11.

363. RENOUARD, ALLAN: Om gentagelse af motiver i forbindelse med "furor" i Vergils Aeneide. - s. 15-30. - i Museum Tusculanum 1969, nr. 11.

364. WILLUMSEN, MOGENS: Dido ambigua bilinguisque : for en nøgtern vurdering af Vergils Didofigur. - s. 72-75. - i Museum Tusculanum 1979, nr. 34-35.

Georgica.
365. TORRESIN, GIUSEPPE: Vergils bier. - s. 51-56. - i Fra den
klassisk filologiske hverdag : H. Friis Johansen quinqua-
genario / udg. af P. S. Sørensen og G. Torresin. - Vox
Populi, 1977. - 56 s. - (89.15)

Generel litteratur om forfatteren.
366. FRIIS-JENSEN, KARSTEN: Saxo og Vergil : en analyse af 1931-
udgavens Vergilparalleller. - Museum Tusculanum, 1975. -
104 s. - (Opuscula Graecolatina; 1). - (99.4 Saxo, 90.9, 96.1)

Bibliografi s. 92-97.
Resumé på fransk s. 103-104.

367. MUNK OLSEN, BIRGER: Vergil i middelalderen : Vergil-hånd-
skrifter og Vergil-florilegier fra det 9. til begyndelsen
af det 13. århundrede. - s. 81-116. - i Museum Tusculanum
1978, nr. 32-33.

I anledning af 366.

368. JUHL JENSEN, JENS: Vergils bukoliske muser. - s. 3-4. - i
Museum Tusculanum 1973, nr. 20.

369. NORRIE, MICHAEL: Specialeresumé af Jupiter-fatum, fyrsten
og folket hos Vergil. - Københavns Universitet, 196?. -
s. 212-215. - i Extracta 1968, 1.

Bibliografi s. 214-215.

XENOFON.
De re equestri.
370. XENOFON: Om ridekunsten / oversat og bearb. af O. Stenkov. -
Erichsen, 1968. - 67 s. : ill. - (88.2)

Institutio Cyri.
371. DUE, BODIL: Fra Xenophon's Kyropaedi. - s. 44-46. - i Fra den klassisk filologiske hverdag : H. Friis Johansen quinquagenario / udg. af P. S. Sørensen og G. Torresin. - Vox Populi, 1977. - 56 s. - (89.15)

Om Pantheiahistorien.

Vectigalia.
372. XENOFON: Indtægtskilder = (Poroi) / indledning og oversættelse ved Signe Isager. - Museum Tusculanum, 1979. - 56 s. : 1 kort. - (Opuscula Graecolatina; nr. 19). - (88.1, 88.2, 91.43)

Bibliografi s. 9-10.
Parallel græsk tekst og dansk oversættelse.

373. ISAGER, SIGNE: anm. af Philippe Gauthier: Un commentaire historique des Poroi de Xénophon. - Genève, Paris: Droz, 1976. - 289 s. - (Hautes études du monde gréco-romain; 8). - s. 206-207. - i Historisk Tidsskrift 1979, bd. 79, 13. rk., bd. VI.

Samlede og blandede skrifter.
374. HUDE, KARL: Græsk elementarbog II : udvalg af Xenofon med anmærkninger. - 4. udg., 7. opl. - Gyldendal, 1975. - 91 s. : 1 kort. - (88.1)

1. udg. 1892.

375. THOMSEN, CHR.: Glossar til Hudes Græske elementarbog (andet afsnit). - 2. udg., 5. opl. - Gyldendal, 1969. - 42 s. - (89.11)

1. udg. 1898.

EPIGRAFIK.

Græsk.
376. BREITENSTEIN, THORKILD: anm. af Peter Allan Hansen: A list of Greek Verse Inscriptions down to 400 B.C. : an analytical survey. - Museum Tusculanum, 1975. - 53 s. - (Opuscula Graecolatina; 3). - s. 65-67. - i Museum Tusculanum 1976, nr. 27.

377. HANSEN, PETER ALLAN: Det græske epigrams tidligste historie . - s. 3-19. - i Museum Tusculanum 1975, nr. 25-26.

Foredrag.
Resumé på engelsk s. 19.

378. HANSEN, PETER ALLAN: Oldgræsk poesi belyst af indskrifter. - s. 56-58 : ill. - i Humaniora 1974-1976. Beretning fra Statens Humanistiske Forskningsråd.

Beskrivelse af forskningsprojekt.

379. HANSEN, PETER ALLAN: Specialeresumé af Greek Burial Epigrams on stone until c. 400 B.C. - Københavns Universitet. - s. 143-153. - i Extracta 1969, 2.

Bibliografi s. 152-153.

380. HANSEN, PETER ALLAN: Tidlige græske gravepigrammer. - s. 33-38. - i Museum Tusculanum 1968, 2. årg., hft. 8.

Bibliografi s. 37-38.

382. RIIS, P.J.: Udvalgte græske tekster : til brug ved undervisningen i epigrafik for arkæologistuderende. - Københavns Universitets Institut for Klassisk og Nærorientalsk Arkæologi, 1976. - 14, XXV s. - (91.43)

Bibliografi s. 5.

383. SKYDSGAARD, JENS ERIK: anm. af Robert K. Sherk: Roman Documents from the Greek East : Senatus consulta and epistolae to the age of Augustus. - Baltimore: Johns Hopkins Press, 1969. - 396 s. : ill. - s. 211. - i Historisk Tidsskrift 1975, 13. rk., bd. II.

384. SAABY PEDERSEN, FRITZ: IG 1^2, 295 : sandsynlighedsteoretisk note. - s. 59-60. - i Museum Tusculanum 1970, nr. 14.

Romersk.
385. HOLMBOE, HENRIK: Indskriften under Lapis niger på Forum Romanum. - s. 19-25. - i Museum Tusculanum 1974, nr. 23.

386. KRARUP, PER: Faustinus' indskrift i Sperlonga / [oversat af Ivan Boserup]. - Københavns Universitet : Tusculum, 1968. - 16 s. : 1 tav. - (Documentum Tusculanum; I). - (91.3)

Supplementum Musei Tusculani 1967-1968.
Bibliografi s. 16.
Tidligere trykt s. 73-84 i Analecta Romana Instituti Danici 1965, nr. III med titlen L'iscrizione di Faustinus a Sperlonga og s. 89-92 i Analecta Romana Instituti Danici 1967, nr. IV med titlen Ancora l'iscrizione de Faustinus a Sperlonga.

386a. NAMER, JØRN: En hypotese om Popillius. - s. 8-19. - i Rostra 1974, nr. 3.

En undersøgelse af en indskrift fundet ved Polla i Syditalien

387. SKYDSGAARD, JENS ERIK: 35 udvalgte indskrifter fra Pompeii
. - 2. opl. - Klassikerforeningen, 1977. - 23 s. : ill. -
(Klassikerforeningens Kildehæfter). - (91.37)

1. udg. 1977.
Latinsk og dansk tekst.

388. SAABY PEDERSEN, FRITZ: Originis fortasse urbanae : 6 upubli-
cerede romerske indskrifter. - s. 76-79. - i Museum Tuscula-
num 1979, nr. 34-35.

PAPYROLOGI, BOGHISTORIE, SCHOLIER M.v.

389. BÜLOW-JACOBSEN, ADAM: Bøger og skrivematerialer i den klassiske oldtid : specielt om papyrus. - s. 150-168 : ill. - i Bogvennen 1974-1976, nr. 5.

 Bibliografi s. 168.

390. DAHL, SVEND: Bogens historie. - 2. ændrede og forøgede udg., 2. opl. - Haase, 1970. - 309 s. : ill. - (00.09)

 1. udg. 1927.
 Om antikken s. 19-36.

391. FRIIS JOHANSEN, HOLGER: Opposition ex officio (2). - s. 163-179. - i Museum Tusculanum 1979, nr. 36-39.

 Til Ole L. Smiths doktordisputats Studies in the Scholia on Aeschylus, I : The Recension of Demetrius Triclinius, 1978. Se også 393-394.

392. JUEL, AXEL: Romerske digtere om bogen og boghandelen. - s. 33-38. - i Gyldendals Julebog 1948 : Axel Juel : udg. som manuskript. - Gyldendal, 1948. - 56 s. : ill. - (04)

393. RAASTED, JØRGEN: Opposition ex officio (1). - s. 143-162. - i Museum Tusculanum 1979, nr. 36-39.

 Til Ole L. Smiths doktordisputats Studies in the Scholia on Aeschylus, I : The Recension of Demetrius Triclinius, 1978. Se også 391 og 394.

394. SCHARTAU, BJARNE: Opposition ex auditorio. - s. 180-195. - i Museum Tusculanum 1979, nr. 36-39.

 Til Ole L. Smiths doktordisputats Studies in the Scholia on Aeschylus, I : The Recension of Demetrius Triclinius, 1978. Se også 391 og 393.

SPROG.

Kommentarer, gloser o. lign., der knytter sig til en bestemt lærebog, er placeret umiddelbart efter denne.

395. CHRISTOPHERSEN, HANS: Morfologiske strejftog : et par bemærkninger om græskens indflydelse på den latinske morfologi . - s. 7-10. - i Rostra 1975, nr. 3.

396. FOSS, OTTO: Parergon. - s. [8-9]. - i Vox Populi [1973], 2. årg., nr. 3.

Om den retoriske figur "klimax" i græsk og romersk litteratur.

397. JENSEN, JENS PETER: Bibliografisk efterskrift til grammatisk sprogbeskrivelse. - s. [3-5]. - i Vox Populi [1973], 2. årg., nr. 3.

Knytter sig til 398-401.

398. JENSEN, JENS PETER: Grammatisk sprogbeskrivelse (2) : morfemanalyse. - s. 3-4. - i Vox Populi 1972, 1. årg., nr. 6.

Se også 397 og 399-401.

399. JENSEN, JENS PETER: Grammatisk sprogbeskrivelse (3) : regler for morfemanalysen. - s 3-5. - i Vox Populi 1972, 1. årg., nr. 7.

Se også 397-398 og 400-401.

400. JENSEN, JENS PETER: Grammatisk sprogbeskrivelse (4) : TG-formationsregler. - s. 3-6. - i Vox Populi 1973, 2. årg., nr. 1.

Se også 397-399 og 401.

401. JENSEN, JENS PETER: Grammatisk sprogbeskrivelse (5) : valens-
teori og verbaldistribution. - s. 6-11. - i Vox Populi 1973,
2. årg., nr. 1.

Se også 397-400.

GRÆSK.
Ordbøger.
402. *BERG, C.: Græsk-Dansk Ordbog til Skolebrug. - 2. fork. udg.,
6. optryk. - Gyldendal, 1978. - 925 s. - (89.11)

1. udg. 1864.

Grammatik.
403. BERG, [C.] og [KARL] HUDE: Græsk formlære : til skolebrug. -
13. opl. / ved E. Fox Maule. - Gad, 1974. - 141 s. - (89.11)

1. udg. 1894.

404. BRØNDSTED, P. O.: Transformativitet og diathese. - s. 9-16. -
i Museum Tusculanum 1971, nr. 17.

405. HYNDING, HANS CHR.: Græsk formlære med sproghistoriske for-
klaringer. - 2. rev. udg. - Gyldendal, 1968. - 252 s. - (89.11)

1. udg. 1958.
Anm. s. 293 i Gymnasieskolen 1969, 52. årg., nr. 5 af Finn
Hobel og s. 49-51 i Museum Tusculanum 1969, nr. 12 af Kar-
sten Hvetbo.

Syntaks.
406. BRØNDSTED, PETER OLUF: Specialeresumé af Det antikke græske
verbalaspekt. - Københavns Universitet. - s. 46-54. -
i Extracta 1972, 4.

Bibliografi s. 53-54.

407. HUDE, KARL: Kortfattet håndbog i den græske syntax. - 4.
gennemsete udg., 7. optryk. - Gyldendal, 1976. - 39 s. -
(89.11)

1. udg. 1888.

408. HYNDING, HANS CHR.: Græsk syntax. - Universitetsforlaget i
København: Gyldendal, 1972. - 174 s. - (89.11)

409. SIMONSEN, ANDREAS: Lille græsk syntaks : de vigtigste regler
for kasus-, modus- og tempusbrugen. - 2. udg. - Museum Tusculanum, cop. 1979. - 43 s. - (Rudimenta Graecolatina; 2). -
(89.11)

1. udg. Gyldendal 1968.
Anm. s. 671 i Gymnasieskolen 1968, 51. årg., nr. 11 af Finn
Hobel.

Lærebøger.
410. HESSE, ROLF: Græsk stil : med Platon som grundtekst. - Museum
Tusculanum, 1978. - 38 s. - (Rudimenta Graecolatina; 1). -
(89.11)

Bibliografi s. 38.

411. HESSE, ROLF: Græskopgaver. - Klassikerforeningen, [1975]. -
2 bd. - (Klassikerforeningens Kildehæfter)

Tekstsider: 60 upag. s.
Opgavesider: 28 s.

LATIN.
Ordbøger.
412. HASTRUP, THURE: Latin-dansk ordbog. - 5. udg., 2. opl. -
Gyldendal, 1979. - 224 s. - (Gyldendals Røde Ordbøger). -
(89.15)

1. udg. 1959.
Anm. s. 283 i Tidens Skole 1974, 76. årg., nr. 7 af Gunnar
Hansen.

413. JENSEN, J. TH. og M. J. GOLDSCHMIDT: Latinsk-dansk Ordbog. -
2. forøgede og forbedrede udg. / ved M. J. Goldschmidt, 9.
optryk. - Gyldendal, 1978. - V, 824 s. - (89.15)

1. udg. 1881-1886.

414. KJÆR, L. OVE: Dansk-latinsk Ordbog. - 2. udg., 3. opl. -
Rosenkilde og Bagger, 1979. - 580 s. - (89.15)

1. udg. 1870.

Grammatik.
415. ALMAR, KNUD: Den historiske infinitiv på latin - især med
henblik på dens semantiske udvikling til og med Tacitus. -
s. 45-58. - i Museum Tusculanum 1970, nr. 15.

416. CHRISTENSEN, ERLING og OLAF GRARUP: Tværsproglig minigramma-
tik : med øvelser. - Gyldendal, 1978. - 63 s. - (89.012)

417. DALSGAARD LARSEN, BENT: Diagnoselatin. - 5. opl. - Munksgaard,
1979. - 54 s., 1 tav. -(Scandinavian University Books). -
(89.15)

1. udg. 1967.
Anm. s. 702 i Ugeskrift for Læger 1968, 130. årg., nr. 16 af
Flemming Frølund.

418. EIKEBOOM, R.: Programmeret latinsk grammatik / bearb. oversættelse ved M. Hindsberger. - 3. opl. - Gad, 1975. - 6 upag. + 254 + 27 s. - (89.15)

1. udg. 1968.
Originaltitel: Geprogrammeerde Latijnse Grammatica (hollandsk).
Anm. s. 235 i Gymnasieskolen 1969, 52. årg., nr. 4 af Finn Hobel.

419. HINDSBERGER, MOGENS: Programmeret latinsk grammatik. - s. 5-8. - i Museum Tusculanum 1970, nr. 14.

I anledning af 418.
Også trykt s. 3-7 i Rostra 1974, nr. 1.

420. HASTRUP, THURE: Latinsk sprogfærdighed. - Københavns Universitets Fond til Tilvejebringelse af Læremidler, 1970. - 148 s. - (89.15)

421. HASTRUP, THURE og FRANZ BLATT: Latinsk grammatik. - 4. udg., 2. opl. - Gyldendal, 1975. - 123 s. - (89.15)

1. udg. 1949.

422. HYLLESTED, POVL og ULF ØSTERGAARD: Latinsk grammatik : håndbog for gymnasiet. - 6. opl. - Gyldendal, 1979. - 218 s. - (89.15)

1. udg. Schultz 1966.

423. JENSEN, ERIK V.: De grammatiske betegnelser : dansk-latin-engelsk-tysk-fransk, latin-dansk-engelsk-tysk-fransk. - Gyldendal, 1978. - 33 s. - (89.012)

424. KRAGELUND, A.: Latinsk sproglære for gymnasiet. - 7. udg.,
2. opl. - Aschehoug, 1973. - 114 s. - (89.15)

1. udg. 1943.
Bibliografi s. 114.

425. MAULE, [ERIK] FOX og TH. ROSKJÆR: Kortfattet latinsk form-
lære. - 4. opl. - Gyldendal, 1978. - 35 s. - (89.15)

1. udg. Schultz 1967.

426. NIELSEN, VALDEMAR: Latinsk grammatik. - 12. udg. / ved
Elisabeth Paludan, 2. opl. - Haase, 1968. - 150 s. - (89.15)

1. udg. 1913.

427. NØJGAARD, MORTEN: Den fællesromanske diftongering, Spore og
det latinske vokalsystem. - Romansk Institut ved Odense Uni-
versitet, 1972. - 12 s. - (Noter og Kommentarer / Romansk
Institut, Odense; nr. 1). - (89.2)

428. PETERSEN, FINN TOMMY: Udtog af specialet En semantisk og
syntaktisk undersøgelse af "ab", "de" og "ex" som præfix i
verber på klassisk latin. - Københavns Universitet, 196?. -
s. 3-8. - i Museum Tusculanum 1968, 1. årg., hft. 7.

Bibliografi s. 8.

429. Tværsproglig grammatik / Peter Harder ... [et al.]. - Gjel-
lerup media, 1978. - 79 s. : ill. - (89.012)

Hertil hører videobånd.

430. AALKJÆR, V[ILHELM]: Doktorlatin : sygdomsbekæmpelsens og sundhedsarbejdets fagsprog. - 2. udg. - Munksgaard, [1974]. - 364 s. : ill. - (61.03)

1. udg. 1970.
Anm. s. 359-360 i Farmaceutisk Tidende 1970, 80. årg., nr. 15, s. 61-62 i Museum Tusculanum 1970, nr. 14 af Rolf Hesse, s. 1006-1007 i Tandlægebladet 1970, 74. årg., nr. 9 af H. P. Philipsen og s. 1176, 1895-1896 i Ugeskrift for Læger 1970, 132. årg., nr. 24, 40 af Poul Anthonisen og V. Paulli.

Syntaks.
431. ALMAR, KNUD: Øvelser i latinsk morfologi og syntaks. - Museum Tusculanum, 1979. - 95 s. : ill. - (Rudimenta Graecolatina; 3). - (89.15)

Rygtitel: Latinsk morfologi og syntaks.

432. [CHRISTOPHERSEN, HANS]: Morfologi og syntax : latinsk grammatik på en ny måde. - s. 14-20. - i Rostra 1978, nr. 7.

I anledning af 431.

433. SENHOLT, LEIF og M. DAHL JEPPESEN: Elementær latinsk syntaks . - 4. udg. - Akademisk, 1974. - 25 s. - (89.15)

1. udg. [?].
Tidligere med titlen: Elementær latinsk syntaks til skolebrug.

Lærebøger.
434. FOSS, OTTO: Elementa Latina : latinsk begynderbog. - 4. opl. - Gyldendal, 1973. - 2 bd. - (89.15)

1. udg. 1951.
Bd. 1: Læsestykker med glossar. - 100 s. : ill.
Bd. 2: Grammatik og alfabetisk glossar. - 8o s.

435. HANSEN, GUNNAR og PER KRARUP: Rudimenta latina. - 2. udg.,
2. opl. - Gyldendal, 1976. - 171 s. : ill. - (89.15)

1. udg. 1965.
Anm. s. 5-6 i Societas Latina 1973, 1. årg., nr. 3 af Hans
Christophersen. Kritik af anm. s. 21-23 i Rostra 1974, nr. 1
af Henrik Jønck-Clausen. Antikritik s. 24-25 i Rostra 1974,
nr. 1 af Hans Christophersen.
Grammatik og ordliste. - 2. udg., 2. opl. - Gyldendal, 1977
. - 108 s. - 1. udg. 1965.

436. HASTRUP, THURE: Latinske stiløvelser. - [Københavns Universitets Fond til Tilvejebringelse af Læremidler], [1968]. -
2 bd. - (89.15)

1' semester: 45 bl.
2'det semester: 37 upag. s.

437. HASTRUP, THURE og JENS HOLT: Latin for begyndere. - 7. udg.,
2. opl. - Hirschsprung, 1975. - 136 s. - (89.15)

1. udg. 1936.

438. Dansk oversættelse af tekststykkerne : Amor et Psyche og
De septem Romanorum regibus. - 3. udg. / ved Leif Senholt
og M. Jeppesen. - Akademisk Boghandel, [1968]. - 14 bl. -
(89.15)

1. udg. [?]

439. HESSE, ROLF: anm. af Harry Erkell og Bengt Wahlgren: Principia latina. - Almqvist & Wiksell, 197o. - 3 bd. - s. 921-924. - i Gymnasieskolen 1971, 54. årg., nr. 16.

440. HESSE, ROLF: Mens docta in corpore doctoris : lærebog i latin for medicinere / ill. Ellen Boen Hansen. - 5. udg., uændret optryk. - Akademisk, 1978. - 82, XIX, [19] s., 1 foldet tav. : ill. - (89.15)

1. udg. 1968.
Bibliografi s. 81-82.
Anm. s. 1240 i Ugeskrift for Læger 1968, 130. årg., nr. 30 af Flemming Frølund.

441.* HYNDING, H. C.: Så læser vi latin : latinsk begynderbog. - 2. udg., 6. opl. - Nyt Nordisk, 1978. - 158 s. : ill. - (89.15)

1. udg. 1965.
Ill. af Dorte Buttenschøn.
Lærerens bog: nogle metodiske anvisninger til bogens brug. - 1977. - 21 s.
Øvebog / Bente Kjerulff og H. C. Hynding. - 3. opl. - 1979. - 43 s. - 1. udg. 1975.

442. Latinske versioner til skolebrug / udg. af Annette Vind og Ole Balslev. - Gyldendal, 1970. - 135 s. - (89.15)

Anm. s. 419 i Gymnasieskolen 1971, 54. årg., nr. 7 af Rolf Hesse.

443. MAULE, ERIK FOX, TH. ROSKJÆR og ERIK TIDNER: Liber primus Latinus. - 5. opl. - Gyldendal, 1978. - 132 s. : ill. - (89.15)

1. udg. Schultz 1967.
Bearb. efter Erik Tidners svenske udg.: Liber primus Latinus.
Nøgle. - 1. udg., 2. opl. - Gyldendal, 1977. - 7 s. - 1. udg. 1967.

444. MIKKELSEN, KR.: Latinsk læsebog : med et skema over formlæren og nogle syntaktiske regler. - 26. udg., 6. opl. / ved Aksel Strehle ; ill. af Bernhard Petersen. - Gyldendal, 1978 . - 205 s. : ill. - (89.15)

   1. udg. 1878.

445. ANDERSEN, LARS JØRGEN: Noter til den lille latinprøve : en gennemgang af pensum efter Kr. Mikkelsen: Latinsk læsebog. - Fabula, [1973]. - 57 s. - (89.15)

446. CHRISTOPHERSEN, H.: Registre og tillæg til Kr. Mikkelsen: Latinsk læsebog. - 2. opl. - Societas Latina , 1974. - 27 s. - (89.15)

   1. udg. 1974.

447. *FREDERIKSEN, AAGE og ERIK V. JENSEN: Gloser og forklaringer til ... 2. afd. stk. 1-33. - 2. opl. - Gyldendal, 1978. - 15 s. - (89.15)

   1. udg. 1974.

448. FREDERIKSEN, AAGE og ERIK V. JENSEN: Komplet alfabetisk latin-dansk gloseliste. - Gyldendal, 1979. - 27 s. - (89.15)

449. Rostra's versionssamling / red. af Hans Christophersen. - Rostras Forlag, 1978. - 39 s. - (88.1)

   Udvalgt af opgavekommissionen for lærereksamen.

450. Via latina : latin for begyndere / af Elio Acunto-de Lorenzo
... et al. . - Gjellerup. - (89.15)

*Grundbog / tegninger: Ebbe Sadolin og Annette Pagh. - 3. udg.,
2. opl. - 1979. - 248 s. : ill. - 1. udg. 1975.
*Tekstoversættelser til grundbog. - 3. udg., 2. opl. - 1979
. - 19 s. - 1. udg. 1975.
Øvebog. - 3. udg., 2. opl. - 1979. - 84 s. : ill. - 1. udg.
1975.
Facit til øvebog. - 3. udg., 1. opl. - 1978. - 29 s. - 1.
udg. 1975.
Lærerens bog / ill. af Mia Okkels. - 1978. - 147 s. : ill. -
Bibliografi s. 147.
Diagnostiske opgaver.
Lydbånd til grundbog og øvebog.
12 stordias.
Anm. s. 806 i Gymnasieskolen 1975, 58. årg., nr. 15 af Rolf
Hesse og s. 13-14 i Rostra 1975, nr. 2 af Hans Christophersen.

ANDRE OLDTIDSSPROG.
451. KROMANN, JENS ULRICH: Det venetiske sprog : forskningens resultater og problemer. - s. 90-95. - i Museum Tusculanum 1975, nr. 25-26.

Specialeresumé.

452. RUGHEDE, OLE D.: Faistos-skiven : nærmer vi os løsningen
på en gammelkretisk gåde?. - s. 121-125 : ill. - i Sfinx
1977-1978, 1. årg., nr. 4.

Bibliografi s. 125.

METRIK OG MUSIK.

453. FELSKOV, NIELS: Metrum, rytme og accent i latinske vers. -
Gad, 1972. - 65 s. - (Studier fra Sprog- og Oldtidsforskning
/ udg. af Det Filologisk-Historiske Samfund; nr. 281). - (80.9)

Bibliografi s. [66].
Anm. s. 56 i Gymnasieskolen 1973, 56. årg., nr. 1 af Rolf
Hesse.

454. RAASTED, JØRGEN: Nogle overvejelser om musikken til antik
græsk strofisk poesi. - s. 3-17. - i Museum Tusculanum 1976,
nr. 28-29.

Resumé på engelsk s. 12.

LITTERATURHISTORIE.

455. A[NDERSEN], A[NNE] M[ARIE]: Den græske og den romerske komedie. - s. 3-7 : ill. - i Rostra 1975, nr. 1.

456. BRÆMME, ERNST: Katalog over Teatervidenskabelige kilder i Nationalmuseets Antiksamling : med en analyse af den såkaldte Phlyakervase. - Det Teatervidenskabelige Institut [ved] Københavns Universitet, 1976. - 61 bl., [4] tav. - (Opuscula ; 1). - (77.0911)

Bibliografi s. 61.

457. BRØNDSTED, PETER OLUF: To modeller til en dramaturgisk æstetik. - Gad, 1972. - 52 s. - (Studier fra Sprog- og Oldtidsforskning / udg. af Det Filologisk-Historiske Samfund; 280) . - (77.01)

Om det antikke teater s. 7-20.
Især dette afsnit anm. s. 15-17 i Vox Populi 1973, 2. årg., nr. 1 af Ole Smith.

458. CHRISTIANSEN, SVEND: Klassisk skuespilkunst : stabile konventioner i skuespilkunsten 1700-1900. - Akademisk, 1975. - 376 s. : ill. - (Teatervidenskabelige Studier; IV). - (77.01, 77.0914, 77.0916)

Om antikken s. 27-30, 39-47.

459. EBBESEN, STEN: Kamplege. - s. 35-45. - i Museum Tusculanum 1969, nr. 11.

Sammenligning af forskellige digteres behandling af samme emne med særligt henblik på forholdet mellem episk og ikkeepisk poesi.

460. ERBE, BERIT: Oldtidsteatret. - s. 11-37 : ill. - i Teatrets historie / red. af Chr. Ludvigsen og Stephan Kehler. - Politiken, 1962. - 416 s. : ill. - (Politikens Håndbøger; nr. 278). - (77.09)

Bibliografi s. 403.

461. FAFNER, JØRGEN: Retorik : klassisk og moderne : indføring i nogle grundbegreber. - Akademisk, 1977. - 174 s. - (80.8)

Bibliografi s. 152-164.

462. HASTRUP, THURE: Hovedtræk af græsk og romersk talekunst fra Korax til Quintilian. - Berlingske, cop. 1976. - 248 s. - (Berlingske leksikonbibliotek). - (80.8)

Bibliografi s. 238-240.
Omslagstitel: Græsk og romersk talekunst.
Anm. s. 211-212 i Gymnasieskolen 1977, 60. årg., nr. 4 af Palle W. Nielsen.

463. Kompendium over antikkens teater / ved Svend Christiansen. - Københavns Universitets Fond til Tilvejebringelse af Læremidler, 1970. - 167 bl. : ill. - (77.0911)

Også med fremmedsprogede tekster.

464. KRARUP, PER: Antikken. - s. 9-23 : ill. - i Verdenslitteraturen : hvem skrev hvad før 1914 / red. af Henning Fonsmark . - 5. udg. - Politiken, 1969. - 511 s. : ill. - (81)

1. udg. 1953.
Bibliografi s. 505.
Afsnittet udeladt i 6. omarb. udg. 1979.

465. Kritikhistorie : en antologi / udvalgt, indledet og kommenteret af Mette Winge. - Gyldendal, 1972. - 322 s. - (80.7)

Om antikken og især Aristoteles og Horats s. 9-11, 33-43.
Bibliografi s. 37, 43.

466. LINDHARDT, JAN: Retorik. - Berlingske, 1975. - 173 s. - (Berlingske leksikonbibliotek). - (80.8)

Om antikken især s. 26-38.
Anm. s. 139-142 i Museum Tusculanum 1977, nr. 30-31 af Karin Margareta Fredborg.

467. NIELSEN, KAJ: Det antikke teater. - s. 13-39 : ill. - i Teatret gennem tiderne. - Gjellerup, 1945. - 208 s. : ill. - (77.9)

468. NYORD, PETER: Træk af litteraturteoriens historie. - Odense Universitet, 1977. - 513 s. - (Odense University Studies in Literature; vol. 6). - (80.1)

Platon: Res publica. Aristoteles: Poetik. Horats: Ars poetica. Longinos: Peri Hupsous. Plotin: Enneaderne. s. 16-136.
Bibliografi efter hvert afsnit.

469. NØJGAARD, MORTEN: Hesten, hjorten og mennesket : studie over den antikke fabels overlevering / [oversat af Ivan Boserup] . - s. 19-33. - i Museum Tusculanum 1968, 1. årg., hft.

Originaltitel: Le cerf, le cheval et l'homme.
Bibliografi s. 19-20.

470. REIMERS, GERD: Antikkens teater. - s. 9-18. - i Kort teater-
historie / oversat og bearb. af Henrik Bering Liisberg og
Jacob Kielland. - Wilhelm Hansen, 1979. - 98 s. : ill. -
(77.09)

471. ROHDE, PETER P.: Den klassiske komedie : tre udsendelser
for gymnasiet / hft. red. Karl Ejnar Jørgensen. - Danmarks
skoleradio, cop. 1968. - 20 s. : ill. - (81.09)

472. SCHYBERG, FREDERIK: Skuespillerens kunst. - Gyldendal, 1954
. - 270 s. - (77)

Om antikken s. 48-54, 77-126.

473. STAËL-HOLSTEIN, ANNE LOUISE GERMAINE: Litteraturen og sam-
fundet / oversat af Robert L. Hansen. - Gad, 1973. - 25, 380
s. - (80.1)

Udkom første gang 1800 på fransk.
Om antikken s. 37-101.

474. STYBE, VIBEKE: De antikke fabler : Æsop og Phædrus. - s. 25-
32 : ill. - i I dyreham : om fabler og børnelitteratur. -
Gyldendal, 1975. - 127 s. : ill. - (Litteratur og børn). -
(81.09, 39.17, 81.01)

Bibliografi s. 121-123.

475. SAABY PEDERSEN, FRITZ: Fodnote ang. spillerum for episke
kataloger. - s. 46-48. - i Museum Tusculanum 1969, nr. 11.

Græsk.
476. BENDZ, GERHARD: Den græske litteratur. - s. 209-428 : ill. -
i Bd. 1 af Verdens litteraturhistorie / under red. af F. J.
Billeskov Jansen, Hakon Stangerup og P. H. Traustedt ; billed-
red. Niels Chr. Lindtner. - Politiken, 1971. - 780 s., 15
tav. : ill. - (81)

Bibliografi s. 763-771.

477. BERG, MARTIN: Dionysos i Athen. - s. 2-41 : ill. - i TTT :
Teatrets Teori og Teknikk 1973, nr. 20.

Om De store Dionysier.

478. BORUP, GEORG: Det oldgræske teater. - s. 274-282 + 317-326
: ill. - i Vor Viden 1973, nr. 5-6 + 7-8, hft. 481 + 482.

479. FOSS, OTTO: Den græske tragedie. - Berlingske, 1976. - 306
s. - (Berlingske leksikonbibliotek). - (81.11)

Bibliografi s. 299-303.
Anm. s. 867-868 i Gymnasieskolen 1976, 59. årg., nr. 17 af
Palle W. Nielsen.

480. Den græske roman som triviallitteratur / Jens Peter Jensen
... [et al.]. - s. 20-33. - i Museum Tusculanum 1975, nr.
25-26.

Som eksempel er brugt Achilles Tatius' roman Leukippe og Kli-
tophon.

481. HJORTSØ, LEO: De græske historikere : Klios førstefødte. -
Berlingske, 1975. - 199 s. - (Berlingske leksikonbibliotek)
. -)90.9)

Bibliografi s. 192-196.
Anm. s. 806 i Gymnasieskolen 1975, 58. årg., nr. 15 af
Palle W. Nielsen.

482. JØRGENSEN, OVE: Overgangen fra Drama til Skuespil. - s. 97-
130. - i Udvalgte skrifter : Ballet-Klassisk-Litteratur-Kunst
/ udg. af Henning Krabbe ; med indledning af Thure Hastrup. -
Thaning & Appel, cop. 1971. - 207 s. : i portræt. - (70.4)

Den græske tragedie.
Tidligere trykt i Tilskueren 1908, s. 913-930.

483. KRARUP, PER: Det græske epos : den episke tradition fra
Homer til Vergil. - Berlingske, 1978. - 197 s. - (Berlingske
Leksikon Bibliotek; 126. Litteratur). - (81.11)

Bibliografi s. 190-194.
Anm. s. 617 i Gymnasieskolen 1979, 62. årg., nr. 15 af Palle
W. Nielsen.

484. KRISTIANSEN, ANNE-GESKE: Specialeresumé af Den tidlige græske
elegi indtil Solon, dens kompositionsform og litteraturhisto-
riske placering. - Københavns Universitet. - s. 133-
142. - i Extracta 1972, 4.

Bibliografi s. 140-142.

485. LARSEN, HOLGER: Træk af retorikkens historie i oldtidens Græ-
kenland. - s. 95-104. - i Nordisk Tidsskrift for Tale og
Stemme 1968, 28. årg., nr. 3.

486. MØRKHOLM, OTTO: anm. af Kurt von Fritz: Die Griechische Ge-
schichtsschreibung. I : Von den Anfängen bis Thukydides. -
Berlin: Walter de Gruyter & Co., 1967. - 2 bd. - s. 197-199
. - i Historisk Tidsskrift 1971, 12. rk., bd. V, hft. 1.

487. RISUM, JANNE: Privatborgerens entré på scenen : om forholdet
mellem den athenske bystats forfald og Menanders karakter-
komedier. - s. 11-43 : ill. - i Teater, Fantasi, Klassekamp :
antologi / red. af Tage Hind. - Medusa, 1979. - 327 s. : ill. -
(77.01)

Bibliografi s. 43.

Latin.
488. BENDZ, GERHARD: Den romerske litteratur. - s. 429-590 : ill. -
i Bd. 1 af Verdens litteraturhistorie / under red. af F. J.
Billeskov Jansen, Hakon Stangerup og P. H. Traustedt ; bil-
ledred. Niels Chr. Lindtner. - Politiken, 1971. - 780 s., 15
tav. : ill. - (81)

Bibliografi s. 771-776.

489. CHRISTOPHERSEN, HANS: Brevskrivning. - s. 9-11 : ill. - i
Rostra 1975, nr. 2.

490. DAMSHOLT, TORBEN: anm. af Latin biography / chapters by Edna
Jenkinson ... [et al.] ; ed. by Thomas Alan Dorey. - London:
Routledge & K. Paul, 1967. - XI, 209 s. - (Studies in Latin
literature and its influence / ed. by D. R. Dudley and T. A.
Dorey). - s. 556-558. - i Historisk Tidsskrift 1968, 12. rk.,
bd. III, hft. 1-2.

491. DAMSHOLT, TORBEN: anm. af Latin historians / chapters by
E. A. Thompson ... [et al.] ; ed. by Thomas Alan Dorey. -
London: Routledge & K. Paul, 1966. - XIII, 194 s. - (Studies
in Latin literature and its influence / ed. by D. R. Dudley
and T. A. Dorey). - s. 556-558. - i Historisk Tidsskrift
1968, 12. rk., bd. III, hft. 1-2.

492. GJØRUP, IVAR: Recitation af litterære værker i Rom til og
med Hadrian. - s. [24-33]. - i Vox Populi 1977, 6. årg., nr. 1.

Bibliografi s. [33].

493. HENNINGSEN, NIELS: Rhetorikundervisningen i Rom. - s. 13-14
. - i Rostra 1975, nr. 3.

494. THOMSEN, JOHANNES: Den neoteriske skole. - s. 9-14. - i
Vox Populi 1974, 3. årg., nr. 1.

495. ØRSTED, PETER: Hvorfor græd Scipio?. - s. 3-16 : ill. - i
1066. Tidsskrift for Historisk forskning 1975, 5. årg., nr. 1.

Om romersk historiefilosofi ud fra Sallusts, Livius' og Tacitus' forfatterskaber.

496. ØRSTED, PETER: Romersk historieskrivning : en analyse af en
række generelle træk i antikkens opfattelse af historiens
væsen og formål. - Gyldendal, 1978. - 229 s. - (90.7)

Bibliografi s. 211-217.
Anm. s. 114 i Gymnasieskolen 1979, 62. årg., nr. 3 af Palle
W. Nielsen.

HISTORIE.

Generel, politisk.
497. Allers verdenshistorie / red. Irwin Shapiro ; medred. Jonathan Bartlett ; konsulent Albert Fried ; på dansk ved Ulrik Jensen. - Aller, 1968-1969. - 1383 s. (16 bd.) : ill. - (90)

Bd. 2: Antikkens Grækenland / James L. Steffensen ; konsulent Peter C. Saccio. - 1968. - s. 94-179.
Bd. 3: Det gamle Rom / James L. Steffensen. - 1969. - s. 180-265.

498. ANDERSON, PERRY: Fra antikken til feudalismen / oversat af Per Anker Jensen og John Svendsen. - Medusa, 1979. - 398 s. - (91.6, 91.4)

Originaltitel: Passages from antiquity to feudalism.
Anm. af den engelske udg. fra 1974 s. 6-12 i 1066. Tidsskrift for Historisk Forskning 1977, 7. årg., nr. 1 af Torben Damsholt.

499. BJØRKLUND, ODDVAR, HAAKON HOLMBOE og ANDERS RØHR: Politikens historiske atlas / red. af Knud Rasmussen. - 5. opl. [i. e. 2. udg.]. - Politiken, 1975. - 192 s. : ill. - (90.2)

1. udg. 1961.
Om antikken kort nr. 11-31.

500. COTTRELL, LEONARD og JANET CHENERY: Verdener der forsvandt : fortidens store kulturer / på dansk ved Leo Hjortsø. - Fremad, 1966. - 179 s. : ill. - (91.2)

Kreta, Minos' ø. Mykene, guders og heroers hjem. Etruskernes mystiske verden. s. 97-121, 130-143.

501. DURANT, WILL[IAM]: Verdens kulturhistorie. - Hassing, 1969-
1972. - 32 bd. - (90.1)

Bd. 4: Livet i Grækenland : Ægæisk præludium ; Grækenlands
opgangstid / dansk red. Povl Johs. Jensen. - 1969. - 363 s.,
40 tav.
Bd. 5: Livet i Grækenland : Guldalderen / dansk red. Povl
Johs. Jensen. - 1970. - 312 s., 40 tav.
Bd. 6: Livet i Grækenland : Den græske friheds forfald og
undergang / dansk red. Povl Johs. Jensen. - 1970. - 379 s.,
40 tav.
Bibliografi til bd. 4-6 i bd. 6 s. 328-331.
Bd. 7: Cæsar og Kristus : oprindelse ; republikken / dansk
red. Leo Hjortsø. - 1970. - 364 s., 40 tav.
Bd. 8: Cæsar og Kristus : principatet / dansk red. Leo
Hjortsø. - 1970. - 402 s., 40 tav.
Bd. 9: Cæsar og Kristus : Imperiet ; Kristendommens unge år
/ dansk red. Leo Hjortsø. - 1970. - 442 s., 40 tav.
Bibliografi til bd. 7-9 i bd. 9 s. 384-385.
Bd. 6-8 anm. s. 798 + 906 i Gymnasieskolen 1970, 53. årg.,
nr. 14 + 16 af Finn Gad.
Bd. 4-9 anm. s. 326-328 i Den danske realskole 1971, 73. årg.,
nr. 7 af Flemming Jensen.

502. ESKILDSEN, H. C. og PREBEN FRANDSEN: Historisk verdensatlas
. - Gjellerup, 1969. - 51 s. - (90.2)

Antikken s. 7-16.

503. FRISCH, HARTVIG: Europas kulturhistorie / red. og billedud-
valg P. H. Traustedt. - 5. opl., [i.e. 3. udg.]. - Politiken,
1973-1974. - 4 bd. : ill. - (90.1)

1. udg. 1928.
Bd. 1: Fra de ældste kulturer til Hellas. - 1973. - 520 s.,
3 tav. - om antikken s. 193-220, 291-301, 340-520.
Bd. 2: Fra Rom til renæssancens gennembrud. - 1973. - 528 s.,
3 tav. - Om antikken s. 9-211.

504. Gads historie for gymnasier og seminarier / red Johs. Hoff-
meyer og Kamma Struwe. - Gad, 1963-1964. - 3 bd. : ill. -
(90)

Bd. 1: Indtil år 800. - 4. rev. udg., 2. uforandret opl. -
1973. - 348 s. - Om antikken s. 86-93, 125-287.

505. Gjellerups verdenshistorie / red. af Jens Winther. - Gjelle-
rup, 1970-1973. - 3 bd. : ill. - (90)

Grundbog.
Bd. 1: Oldtiden - 1650. Povl Marstal: Oldtiden til hellenis-
men ; Kirsten og Helge Paludan: Fra hellenismen til 1650. -
2. opl. - 1974. - 502 spalter : ill. - 1. udg. 1970. - Om
antikken sp. 45-190.
Metode og kilder.
Bd. 1: åf Helge Paludan. - 1970. - 428 spalter : ill. - Om
antikken sp. 125-185.
Dansk fork. udg. af Historia i siffror.
Anm. s. 1208-1209 i Gymnasieskolen 1970, 53. årg., nr. 21 af
Erik Bach-Nielsen ... [et al.].

506. GRIMBERG, CARL: Verdenshistorien / red. af dansk udg. Knud
Sandvej i samarb. med den norske redaktion under ledelse af
Haakon Holmboe. - 2. udg. - Politiken, 1974-1977. - 17 bd. :
ill. - (90)

Bd. 2: Persere og grækere / oversat af Kai Petersen. - 1974
. - 496 s., 8 tav. : ill. - 1. udg. 1958.
Bd. 3: Hellenismen og det ældste Rom / oversat af Kai Peter-
sen. - 1974. - 544 s., 7 tav. : ill. - 1. udg. 1958.
Særudg. af bd. 2 og 3: Grækenlands storhedstid / [red.: Knud
Sandvej, Anders Røhr, Haakon Holmboe ; oversættelse: Kai Pe-
tersen]. - 1978. - 708 s., 8 tav. : ill. - (91.43). - Udv.
og omred. udg. af den svenske tekst.
Bd. 4: Roms storhedstid / oversat af Jørgen Sonne. - 1974. -
560 s., 5 tav. : ill. - 1. udg. 1959.

Særudg. af bd. 4: Roms storhedstid / [red.: Knud Sandvej, Anders Røhr, Haakon Holmboe ; oversættelse: Jørgen Sonne]. - 1977. - 560 s., 5 tav. : ill. - (91.47)
Bd. 5: Folkevandringerne / oversat af Kai Petersen. - 1975. - 480 s., 5 tav. : ill. - 1. udg. 1958.
Romerriget begynder at vakle s. 9-114.
Bd. 17: Litteraturfortegnelse. Historisk atlas. Registre / litt. fort. udarb. af Jens Maarbjerg ; reg. udarb. af Knud Rasmussen og rev. og ajourført af J. William Saxtorph ; historisk atlas udarb. af Oddvar Bjørklund, Haakon Holmboe og Anders Røhr ; kortene er tegnet af Berit Lie. - 1977. - 335 s. Bibliografi til bd. 2-5 s. 18-36.
Kort om antikken nr. 10-32.

507. Gyldendals historiske atlas / dansk red. ved Johan S. Rosing . - 2. udg. - Gyldendal, 1973. - IV, 52, 16 s. - (90.2)

1. udg. 1968.
Om antikken s. 3-9.

508. KRARUP, PER: Hvordan så verden ud for 2000 år siden?. - s. 119-138. - i Tværsnit af jordens og menneskehedens historie / C. Luplau Janssen ... [et al.]. - Munksgaard, 1963. - 138 s. - (Søndagsuniversitetet; 40). - (04.61)

Radioforedrag.

509. LANDSTRÖM, BJÖRN: Da skibene førte sejl : fra papyrusbåde til fuldriggere / på dansk ved Børge Preisler. - Dansk let nyrev. udg. - Sesam, 1978. - 192 s. : hovedsagelig ill. - (62.8)

1. udg. Gyldendal 1969.
Handelsskibe i antikken. Krigsskibe i antikken: s. 24-49.

510. LUND, ALLAN A.: Nordens barbarer. - Wormianum, cop. 1979. - 162 s. : ill. - (91.27)

Om den antikke verdens syn på kelterne og germanerne sammenlignet med arkæologernes viden om det samme tidsrum.
Bibliografi s. 155-163.

511. LUND, ERIK: Verdenshistorie med Nordens historie. - Gyldendal, 1948. - 5 bd. : ill. - (90)

Bd. 1: Til omkring 630. - 5. udg. - 1972. - 488 s.
Bibliografi efter hvert afsnit.

512. MACINTYRE, DONALD, BASIL W. BATHE og R. STEEN STEENSEN: Alle tiders krigsskibe : fra galej til atomubåd. - Lademann, 1974. - 292 s. : ill. - (62.628)

Om antikken s. 12-19.
Bibliografi s. 290-291.

513. Mennesket gennem årtusinder / red. Life og Lincoln Barnett ; oversat og bearb. af Leo Hjortsø. - Populær-udg. - Hassing, [1966]. - 174 s. : ill. - (90.1)

Ved det ægæiske hav. Etruskerne. s. 74-93.

514. Menneskets historie : de sidste to millioner år / dansk oversættelse og red. Leo Hjortsø og J. Boisen Schmidt. - Det Bedste fra Reader's Digest, 1974. - 488 s. : ill. - (90.1)

Ægæiske krigere og kunstnere. Det gamle Grækenlands evige mirakel. Etruskernes strålende verden. Sådan lagde Rom grunden til den moderne verden. s. 88-120.

515. Menneskets saga i hverdag og fest : 100.000 år i historiens
panorama / [red. af Jacques Brosse] ; oversat af Teje og
Mogens Barfoed. - Skrifola, 1965. - 296 s. : ill. - (90.1)

Om antikken s. 58-80.

516. MONTGOMERY, [BERNARD]: Krigsførelse i oldtiden. - s. 28-133
: ill. - i Krigens historie / oversat af U. Gabel-Jørgensen
og K. G. H. Hillingsø. - Schønbergske, 1968. - 582 s. : ill. -
(90.19)

Bibliografi s. 568.

517. MUNCH, P.: Verdenshistorie : for gymnasier og tilsvarende
undervisningstrin. - Gyldendal, 19o7. - 3 bd. : ill. - (90)

Bd. 1: Til ca. 1600. - 17. omarb. udg., 4. opl. / ved Hans
Otto Jensen, Jørgen Steining og Aksel Strehle. - 1969. - 8,
397 s. : ill.
Hellas. Rom. s. 68-202.
Bibliografi s. 383-384.

518. SAMHABER, ERNST: Berømte opdagelsesrejser / oversættelse
Chr. Dahlerup Koch ; redaktion og billedudvalg Stephan Kehler
. - Politiken, 1970. - 2 bd. : ill. - (40.9)

Bd. 1: 416 s. - Om antikken s. 24-63, 77-83, 109-114.

519. SAXTORPH, NIELS M.: Krigsfolk gennem tiden / farveplancher
og tekstillustrationer Stig Bramsen. - Politiken, 1971. -
244 s. : ill. - (35.5)

Om antikken pl. 69-73, 94-165, s. 147, 153-169.

520. SCHULZ, EBERHARD: Midtspil : de tomme templer. - s. 52-62
. - i Den store rokade : betragtninger over historiens skak-
bræt / oversat af Ib Christiansen. - Det danske, 1968. - 99
s. - (90.1)

En eventuel parallel mellem den nuværende verdenssituation
og antikkens.

521. SKYDSGAARD, JENS ERIK: Det politiske menneske - politik og
økonomi i oldtiden. - s. 5-8. - i Platonselskabet. Nordisk
Selskab for Antikkens Idétradition : Individ og samfund i
antik teori og praxis : foredrag og resuméer. - Institut for
Klassisk Filologi [ved] Københavns Universitet, 1977. - 112 s.

Symposium Stockholm-Uppsala 4.-7. juni 1975.

522. STENDER-PETERSEN, OLE: Guerillaens oprindelse. - s. 316-324
. - i Dansk Udsyn 1977, 57. årg., nr. 5.

523. SAABYE, E. J.: Skibets kavalkade : sejlskibe gennem tiden /
farvepl. Stig Bramsen og Niels Jønsson. - Politiken, 1978. -
96 s. : ill. - (62.8)

Om antikken s. 14-25.

524. THOMSEN, RUDI: Verdenshistorien i grundrids. - 4. udg. -
Gyldendal, 1979. - 188 s. : ill. - (90)

1. udg. 1973.
Om antikken s. 18-35.

525. WEIN, MARTIN: Øjenvidnerne beretter / oversat af Birgit Dal-
gård. - Biilmann & Eriksen, 1966. - 205 s. : ill. - (90.4)

Om antikken s. 18-29, 32-43.

526. Verdens nyheder : verdens historie i dagblad-form / red. og
bearb. af Palle Lauring, Hans Lyngby Jepsen og Axel Sjölin
; efter idé af Sylvan Hoffman og Hartley Gratton. - Lademann, 1969. - 208 s. : ill. - (90)

1225 f. kr. - 481 e. kr. s. 13-57.
Små notitser om antikken.

527. Verdenshistorien / red. af Rudi Thomsen. - ny gennemrev. udg.
af Verdenshistorie, bd. 1-4. - Gyldendal, 1973-1974. - 16 bd.
: ill. - (90)

Bd. 2: Hellas. - 2. opl. - 1978. - 93 s. - 1. udg. 1973.
Bibliografi s. [95].
Bd. 3: Rom. - 2. opl. - 1978. - 77 s. - 1. udg. 1973.
Bibliografi s. [79].
Bd. 2-3 anm. s. 1048 i Gymnasieskolen 1973, 56. årg., nr. 18
af Laust Riemann Hansen.
Bd. 4: Senantik og tidlig middelalder / ved Anne Riising. -
1973. - 91 s. - Den senantikke periode s. 9-51.
Bibliografi s. [93].

528. Verdenshistoriske billeder : lille udgave / ved Erling Hansen, Peter Ilsøe og Oluf Jonsen. - 3. opl. - Gyldendal, 1969
. - 170 s. - (90)

1. udg. 1961.
Om antikken s. 18-35.
Bibliografi s. 154-157.
Teksthæfte.

529. Verdenshistoriske billeder : stor udgave / ved Peter Ilsøe
og Oluf Jonsen. - 3. udg., 2. opl. - Gyldendal, 1969. -
[288] s. : ill. - (90)

1. udg. 1963.
Om antikken s. [23-68], [279-283].
Billedhæfte.
Anm. s. 474 i Gymnasieskolen 1968, 51. årg., nr. 8 af Ole
Jellingsø.

530. År og dage : verdenshistoriske skildringer / red. af Georg
Buchreitz og A. Thrue-Møller. - Gyldendal, 1959. - 6 bd. :
ill. - (90)

Bd. 1: - til Romerfreden. - 2. udg. / ved Georg Buchreitz,
2. opl. - 1967. - Bibliografi s. 128-132.
Tekst af Sven Gabrielsen, Per Krarup, Aksel Strehle og
Georg Buchreitz.

Konstitutionel, administrativ, juridisk.
531. ANDERSEN, ERNST: Træk af juraens udvikling : 25 essays. -
Juristforbundet, 1970. - 2 bd. - (34.07)

Bd. 1: 367 s. - Om antikken s. 7-25.

532. STUER LAURIDSEN, PREBEN: Retslæren. - Akademisk, 1977. -
454 s. - (Skrifter / udg. af Retsvidenskabeligt Institut ved
Københavns Universitet; 26). - (34.01)

Om antikken s. 28-49.
Bibliografi s. 34.
Trykt som manuskript.

533. SAABY PEDERSEN, FRITZ: Om senantik embedsuddannelse. - s.
118-131. - i Museum Tusculanum 1977, nr. 30-31.

Resumé på engelsk s. 131.

Social, økonomisk, kulturel.
534. APPEL, ELIN: Kvindens genmæle. - Branner og Korch, 1978. -
257 s. : ill. - (32.5)

Om antikken s. 38-43, 79-85.

535. BASSERMANN, LUJO: Det ældste erhverv : prostitutionens kulturhistorie. - Chr. Erichsen, 1968. - 313 s. : ill. - (15.4)

Kappestrid mellem Athen og Korinth. Rom, ulvindens by: s. 11-67.

536. BOHN, AXEL O.: Oldtidens veje. - s. 126-129 : ill. - i Dansk Vejtidsskrift 1979, 56. årg., nr. 7.

Bibliografi s. 129.

537. BOUDET, JAQUES og EDMOND POGNON: De byggede Europa : et panorama i tekst og billeder / på dansk ved Annelise Kaasgaard . - Skrifola, 1966. - 279, 15 upag. s. : ill. - (90)

Om antikken s. 13-37.

538. BROBY-JOHANSEN, R.: Dagens dont gennem årtusinderne : historien om arbejdsbilledet. - 2. opl. - Fremad, 1970. - 323 s. : ill. - (70.99)

1. udg. 1969.
Om antikken s. 44-62.
Anm. s. 1304-1306 i Gymnasieskolen 1969, 52. årg., nr. 22 af Martin Løffler.

539. BROBY-JOHANSEN, R.: Krop og klær / tegninger Ebbe Sunesen. - 3. opl. - Gyldendal, 1975. - 256 s. : ill. - (68.809)

1. udg. 1953.
Om antikken s. 46-58, 67-76.
På yderomslaget: Klædedragtens kunsthistorie.

540. BRUSENDORFF, OVE og POUL HENNINGSEN: Kærlighedens billedbog :
      af glædens og forargelsens historie. - [Ny udg.]. - Thaning
      & Appel, [1967]. - 4 bd. : ill. - (90.15)

      1. udg. 1956-1959.
      Bd. 1: Fra den græske oldtid til den franske revolution. -
      159 s. - 1. udg. 1956. - Grækenland. Romerriget. s. 7-52.

541. BRYLD, CLARA ELISABET og JETTE HESSE: Kvinden i antikken. -
      Skoleradioen, 1978. - 39 s. : ill. - (81.11, 32.5, 91.4)

      Bibliografi s. 39.
      Elevhæfte, hertil findes dias.
      Oldtidskundskab for GY og HF.
      Udg. for undervisningsministeriet.

542. BÜLOW-JACOBSEN, ADAM: Kvindens stilling i det græsk-romerske
      Ægypten, specielt med henblik på ægteskab og skilsmisse. -
      s. 25-43. - i Museum Tusculanum 1976, nr. 28-29.

      Resumé på engelsk s. 43.

543. CHRISTIANSEN, ERIK: Sociale og økonomiske forhold i antikken
      : en introduktion. - Klassikerforeningen, 1975. - 64 s. -
      (Klassikerforeningens Kildehæfter). - (91.4)

      Bibliografi s. 56-64.

544. DAVIS, ELISABETH GOULD: I begyndelsen var kvinden. - Alfe-
      hjul, 1979. - 98 s. : ill. - (32.5, 30.11)

      Originaltitel: The First Sex (amerikansk).
      Bibliografi s. 92-97.
      Om kvindernes historiske bedrifter fra stenalder til kristen-
      dom.

545. FRIIS JOHANSEN, K[NUD] : Et Bidrag til Ryttersporens ældste Historie. - s. 41-57 : ill. - i Corolla archaeologica in honorem C. A. Nordman / volumen edendum curavit Ella Kivikoski . - Helsinki, 1952. - 289 s. : ill.

546. GADE, H. E. og H. JUUL MADSEN: Handelshistorie for Handelsgymnasiet. - Berg, 1969. - 296 s. : ill. - (65.09)

Grækerne. Romerne. Romerrigets undergang: s. 18-38.

547. GRIERSON, PHILIP: Pengevæsenets oprindelse : Creighton forelæsningen i historie 1970 / oversat af Jørgen Steen Jensen. - London universitet: The Athlone Press, 1977. - XXXII s. : ill. - (33.2, 90.88)

Originaltitel: The Origins af Money.
Særtryk af Møntsamlernyt 1977.

548. GRUE-SØRENSEN, K.: Opdragelsen i oldtiden. - s. 29-123 : ill. - i bd. 1 af Opdragelsens Historie. - 8. opl. - Gyldendal, 1974. - 3 bd. - (Gyldendals pædagogiske bibliotek). - (37.9)

1. udg. 1956.
Bibliografi s. 87, 111 og 123.

549. HANSEN, HENNY HARALD: Klædedragtens kavalkade / tegnet af Ebbe Sunesen, Mogens Bryder og Kai Nørregaard. - 2. udg. - Politiken, 1972. - 164 s. : ill. - (68.809)

1. udg. 1954.
Om antikken s. 14-23, 110-116.

550. HANSEN, LEO: Mønternes købekraft i antikken og middelalderen. - s. 159-164 : ill. - i Nordisk Numismatisk Unions Medlemsblad 1973, nr. 6.

Det antikke Grækenland. Romerriget: s. 160-163.

551. KLAF, FRANKLIN S. og BERNHARDT J. HURWOOD: 5000 års sex / oversat af Ole Hemmingsen. - Chr. Erichsen, 1966. - 160 s. - (81)

Om antikken s. 27-46.

552. * KNAP, HENNING HØJLAND: Teknik og slaveri i antikken. - s. 51-72. - i Den Jyske Historiker 1972-1973, 5. årg., nr. 5-6.

553. KROMANN, ANNE: Inflationsfænomener i Oldtiden. - s. 13-36 : ill. - i Anne Kromann og Jørgen Steen Jensen: Inflation / tilrettelæggelse Henning Nielsen. - Nationalmuseet, 1976. - 71 s. : ill. - (33.27, 90.88)

Bibliografi s. 69-70.

554. KYBALOVÁ, L., O. HERBENOVÁ og M. LAMAROVÁ: Modens billedleksikon / på dansk ved Ellen Andersen. - Fremad, 1968. - 604 s., 16 tav. : ill. - (90.15)

Kreta og Mykene. Det antikke Grækenland. Etruskerne. Det antikke Rom: s. 50-85.

555. LEWINSOHN, RICHARD: Erotikkens kulturhistorie / oversat af Inger Gudmundsen. - 2. opl. - Jespersen og Pio, 1965. - 409 s. : 16 tav. - (Pios Billigbøger). - (90.15, 39.6)

1. udg. 1958.
Troen på skønheden. Pseudofamilien: s. 49-94.
Forord af J. Fabricius-Møller.

556. LIVERSAGE, TONI: Den atheniensiske og den romerske kvinde. -
s. 46-52. - i Kvinden og historien : kønsroller og familie-
mønstre i økonomisk belysning. - Gyldendal, 1972. - 104 s. -
(32.5, 30.17)

Bibliografi s. 52.

557. MØLBJERG, HANS: Idé-åbninger gennem billeder. - Gyldendal,
1976. - 125 s. : ill. - (90.1, 70.1)

Skønheden - det homeriske smil. Kentaurkampen: Apollon/Dio-
nysos. Kend dig selv 1: det æstetiske og det etiske: s. 21-
39.

558. MØRKHOLM, OTTO: anm. af Alan E. Samuel: Greek and Roman Chro-
nology : Calenders and Years in Classical Antiquity. - Mün-
chen: Beck, 1972. - XVII, 307 s., 12 tav. - (Handbuch der Al-
tertumswissenschaft; Abt. 1, T. 7). - s. 655-656. - i Histo-
risk Tidsskrift 1973, 12. rk., bd. VI, hft. 3-4.

559. NILSSON, RUTH og LENNART THORSELL: Kvinderoller gennem tider-
ne / dansk udg. og et afsnit om danske forhold ved Beth Jun-
cker. - Forum, 1979. - 90 s. : ill. - (32.5)

Hertil findes dias og lydbånd.
Det klassiske Grækenland - hellenismen. Kvinden i den græske
litteratur. Kvinden i antikkens Rom: s. 8-14.

560. PARTRIDGE, BURGO: Sexorgier gennem tiderne. - 2. opl. - Biil-
mann & Eriksen, 1965. - 219 s. : ill. - (90.15)

1. udg. 1965.
Grækerne. Romerne. s. 9-79.

561. PEDERSEN, OLAF: Arven fra oldtiden. - s. 13-38. - i bd. 1 af
Studium Generale : de europæiske universiteters tilblivelse
. - Gyldendal, 1979- . - bd. - (37.6)

562. POULSEN, ERIK: Dragtformer i Rom i den græske og græskprægede
verden. - s. 50-56 : ill. - i Folk skaber klæ'r. Klæ'r skaber
folk / [red. af Henning Dehn-Nielsen]. - Nationalmuseet, 1971
. - 140 s. : ill. - (68.809)

563. ROBERTS, HELLE SALSKOV: En piges chancer i oldtiden. - s. 9-
47 : 10 pl. - i En kvindes chancer i oldtiden / red. Helle
Salskov Roberts. - 2. opl. - Museum Tusculanum : Institut
for klassisk Filologi, 1978. - 180 s. : ill. - (Opuscula Grae-
colatina; nr. 13). - (32.5, 91.4)

1. udg. 1977.
Bibliografi s. 34-36.
Om kvinders middellevetid i oldtiden.

564. SANDBERG, FINN: Mumier og silphion, tjaga og ginseng, gamle
lægemidler i ny gestalt / oversat af Ulla Rasmussen. - s.
221-228 : ill. - i Farmaceutisk Tidende 1977, 87. årg., nr.
11.

Om antikken s. 222-225 (silphion).

565. SKYDSGAARD, JENS ERIK: anm. af Joseph Vogt: Sklaverei und
Humanität : Studien zur antiken Sklaverei und ihrer Erfors-
chung. - Wiesbaden: Steiner, 1965. - 129 s. - s. 278-280. -
i Historisk Tidsskrift 1968, 12. rk., bd. III, hft. 1-2.

566. TROLLE, STEFFEN: Fra kultidræt til sportskult i Grækenland
og Rom. - s. 14-34 : ill. - i For sportens skyld / [red.
Henning Dehn-Nielsen]. - Nationalmuseet, 1972. - 200 s. :
ill. - (79.609)

567. WAGNER, PETER: Om oldtidens anvendelser af bøg. - s. 5-18 :
ill. - i Dansk Dendrologisk Årsskrift 1977, bd. IV, nr. 4.

568. WAGNER, PETER: Om oldtidens anvendelse af kornel. - s. 53-70
: ill. - i Dansk Dendrologisk Årsskrift 1974, bd. IV, nr. 1.

Bibliografi s. 68-70.
Resumé på engelsk s. 67.

569. VANGGAARD, THORKIL: Phallos. - Gyldendal, 1969. - 214 s., 24
tav. - (15.4)

Paiderastia. Romerriget før kristningen: s. 19-64, 117-122.
Bibliografi s. 61-64, 122.

570. VEDEL, JON: Antikkens slavesamfund. - GMT, 1976. - 44 s. :
ill. - (Pædagogiske Arbejdsmapper; nr. 12). - (91.4, 90.7)

Bibliografi s. 40-43.
Anm. s. 38-42 i Kritiske Historikere 1976, nr. 3 af Hanne
Rasmussen.

571. ØRSTED, PETER: anm. af Arthur Robinson Hands: Charities and
Social Aid in Greece and Rome. - London: Thames & Hudson,
1968. - 222 s. - s. 482-484. - i Historisk Tidsskrift 1971,
12. rk., bd. V, hft. 1.

572.* ØSTERGÅRD, ULF og HENNING HØJLUND KNAP: Udvalgt bibliografi
til den antikke produktionsmåde. - s. 104-111. - i Den Jyske
Historiker 1972-1973, 5. årg., nr. 5-6.

GRÆKENLAND.
Generel, politisk.
573. ANDERSEN, FLEMMING [GORM]: Bacchus in remotis : introduktion
til et appendix. - s. 7-10 : 1 kort. - i Museum Tusculanum
1969, 2. årg., hft. 10.

Om græsk kulturpåvirkning i Perserriget.

574. ASIMOV, ISAAC: Grækernes eventyrlige historie / oversat af
Flemming Tschuriloff. - Rosenkilde og Bagger, 1968. - 302 s.
: ill. - (91.4)

Originaltitel: The Greeks - a great adventure (amerikansk).

575. Athen i storhedstiden : belyst ved uddrag af ældre, samtidige
og yngre kilder / ved J. A. Bundgaard. - 2. udg., 6. opl. -
Gyldendal, 1969. - 92 s. - (Historiske Kildehæfter / udg. af
Historielærerforeningen). - (88.2)

1. udg. 1933.

576. BIBBY, GEOFFREY: Det forsvundne årtusinde : et panorama over
livet i det andet årtusinde f. kr. / oversat af Knud Søgaard
. - Wormianum, 1978. - 280 s. : ill. - (91.2)

Søkongernes fald (om Kreta). Trojas fald: s. 157-170, 221-235.

577. DAMSGAARD-MADSEN, AKSEL: Alexander den Store og hans verden
. - Gyldendal, cop. 1977. - 141 s. : ill. - (Historiske kilder). - (91.43)

Bibliografi s. 136.

578. * DAMSGAARD-MADSEN, AKSEL: Det athenske demokrati. - 6. opl. -
Gjellerup, 1979. - 194 sp. : ill. - (Gjellerups verdenshi-
storie. Emne- og periodehæfter). - (91.43)

1. udg. 1970.
Bibliografi sp. 176-182.
Anm. s. 1209-1210 i Gymnasieskolen 1970, 53. årg., nr. 21
af Erik Bach-Nielsen ... [et al.] .

579. GRØNBECH, VILHELM: Lyset fra Akropolis. - 2. udg. - Gylden-
dal, 1969. - 196 s. - (Gyldendals Uglebøger). - (91.3)

1. udg. 1950.
Anm. s. 1183 i Den danske Realskole 1969, 71. årg., nr. 20
af Jørn Jørgensen.

580. HANSEN, MOGENS HERMAN: anm. af Edouard Will, Claude Mossé et
Paul Goukowsky: Le IVe Siècle et l'époque hellenistique. -
Paris: Presses universitaires de France, 1975. - 678 s. -
(Le monde Grec et l'Orient). - s. 351-353. - i Historisk Tids-
skrift 1978, 13. rk., bd. V.

581. HJORTSØ, LEO: Hellas. - Gad, 1968. - 129 s. : ill. - (91.4)

Bibliografi s. s. 128.
Historisk fremstilling med udvalgte kilder beregnet til HF.

582. HOLM, SØREN: Græciteten. - Munksgaard, 1964. - 150 s. -
(Søren Kierkegaard Selskabets Populære Skrifter; 11). - (91.4)

Anm. s. 223-225 i Kierkegaardiana 1968, VII af Arild Chris-
tensen.

583. JENSEN, JØRGEN: anm. af George E. Mylonas: Mycene and the
Mycenaean Age. - Princeton University Press, 1966. - XVI,
251 s. - s. 299-301. - i Historisk Tidsskrift 1969-1970, 12.
rk., bd. IV.

584. KITTO, H. D. F.: Grækerne / oversættelse Christopher Maaløe
. - Schønberg, 1972. - 272 s. - (Schønbergs Kulturelefanter)
. - (91.43)

Originaltitel: The Greeks.
Forord af Erik Hallager.
Anm. s. 309 i Gymnasieskolen 1973, 56. årg., nr. 5 af Rolf
Hesse.

585. MØRKHOLM, OTTO: anm. af Edouard Will: Histoire politique du
monde hellenistique (323-30 av. J. C.). - Berger-Levrault,
1966-1967. - I-II. - s. 301-302. - i Historisk Tidsskrift
1969-1970, 12. rk., bd. IV.

586. MØRKHOLM, OTTO: anm. af Helmut Berve: Die Tyrannis bei den
Griechen. - München: Beck, 1967. - 2 bd. - s. 627-628. - i
Historisk Tidsskrift 1969-1970, 12. rk., bd. IV.

587. PAUWELS, LOUIS og JACQUES BERGIER: Dædalus' rige. - s. 262-
272. - i Det evige menneske / oversat af Kirsten D. Spang-
gaard. - Borgen, 1971. - 283 s. - (Livets forskønnelse; 1)
. - (90.1)

Bibliografi s. 282-283.
Nogle betragtninger over den kretiske kultur.

588. POWELL, ANTON og PATRICIA VANAGS: De gamle grækere / ill. af
Ivan Lapper ; på dansk ved Poul Steenstrup. - Gyldendal, 1979
. - 30 s. : ill. - (Tæt på kulturer). - (91.43)

Originaltitel: A closer look at ancient Greeks.

589. ROHDE, PETER P.: Den græske kulturs historie. - 2. udg. - Thaning & Appel, 1979. - 5 bd. : ill. - (91.43, 91.33)

Bd. 1: Den store moder / [kort ... tegnet af Johan Rosing]. - 248 s., 12 tav. - 1. udg. 1958. - Bibliografi s. 235-242.
Bd. 2: Heros. - 319 s., 12 tav. - 1. udg. 1959. - Bibliografi s. 301-311.
Bd. 3: Prometheus. - 216 s., 16 tav. - 1. udg. 1960. - Bibliografi s. 205-209.
Bd. 4: Jomfruen. - 287 s., 20 tav. - 1. udg. 1965. - Bibliografi s. 273-280.
Bd. 5: Den store moders genkomst. - 346 s., 16 tav. - 1. udg. 1966. - Bibliografi s. 331-338.

590. ROSTOVTZEFF, M.: Grækenlands historie / [oversat af Gudrun Herman Hansen]. - 2. opl. - Jørgen Paludan, 1976. - X, 194 s., 16 tav. - (Paludans fiol-bibliotek; 13). - (91.43)

1. udg. 1966.
Originaltitel: Greece.
Bibliografi s. 194.
Forord af Mogens Herman Hansen.

591. SKYDSGAARD, JENS ERIK: anm. af Edouard Will, Claude Mossé et Paul Goukowsky: Le Ve Siécle (510-403). - Paris: Presses universitaires de France, 1972. - 716 s. - (Le Monde Grec et l'Orient). - s. 207-208. - i Historisk Tidsskrift 1975, 13. rk., bd. II.

592. SKYDSGAARD, JENS ERIK: anm. af Russel Meiggs: The Athenian Empire. - Oxford: Clarendon Press, 1972. - XVI, 632 s. : kort. - s. 208-209. - i Historisk Tidsskrift 1975, 13. rk., bd. II.

593.   STRØM, INGRID: Grækenlands forhistoriske kulturer I : stenalder og tidlig bronzealder. - Munksgaard, 1966. - 208 s. : ill. og løst kort i lomme. - (91.3)

Bibliografi s. 195-200.
Anm. s. 276-278 i Historisk Tidsskrift 1968, 12. rk., bd. III, hft. 1-2 af Jørgen Jensen.
Kritik og debat s. 517-523 i Historisk Tidsskrift 1969-1970, 12. rk., bd. IV.

Konstitutionel, administrativ, juridisk.
594.   DAMSGAARD-MADSEN, AKSEL: anm. af Mogens Herman Hansen: Eisangelia : the sovereignty af the people's court in Athens in the fourth century B. C. and the impeachment of generals and politicians. - Odense Universitetsforlag, 1975. - 137 s. - (Odense University Classical Studies; 6). - s. 353-355. - i Historisk Tidsskrift 1978, 13. rk., bd. V.

595.   DAMSGAARD-MADSEN, AKSEL: anm. af Mogens Herman Hansen: The sovereign of people's court in Athens in the fourth century B. C. and the public action against unconstitutional proposals / translated [from the Danish] into English by Jørgen Raphaelsen and Sonja Holbøl. - Odense Universitetsforlag, 1974. - 80 s. - (Odense University Classical Studies; 4). - s. 353-355. - i Historisk Tidsskrift 1978, 13. rk., bd. V.

596.   HANSEN, MOGENS HERMAN: Det athenske demokrati i 4. århundrede f. kr. - Museum Tusculanum. - 4 bd. - (32.15, 32.88, 91.43)

Rygtitel: Athens demokrati.
Bd. 1: Staten, folket, forfatningen. - 1978. - 92 s. - (Opuscula Graecolatina; nr. 15:1). - Bibliografi s. 7-8.
Bd. 2: Folkeforsamlingen. - 2. opl. - 1978. - 75 s. - (Opuscula Graecolatina; nr. 15:2). - 1. udg. 1977. - Bibliografi s. 7.
Bd. 3: Nomotheterne. - 2. opl. - 1978. - 55 s. - (Opuscula Graecolatina; nr. 15:3). - 1. udg. 1977. - Bibliografi s. 7.
Bd. 4: Folkedomstolen. - 1979. - 88 s. - (Opuscula Graecolatina; nr. 15:4). - Bibliografi s. 7.

597. HANSEN, MOGENS HERMAN: Atimistraffen i Athen i klassisk tid
. - Odense Universitetsforlag, 1973. - [11], 285 s. - (34.08)

Bibliografi s. 234-238.
Resumé på engelsk s. 281-285.
Doktordisputats.

598. HANSEN, MOGENS HERMAN: En ny fortolkning af atimi-straffen
i Athen i 5. og 4. årh. f. kr. - s. 9-44. - i Museum Tusculanum 1970, nr. 15.

Bibliografi s. 44.

599. HANSEN, MOGENS HERMAN: Statsdannelser i Hellas : tekst og
kommentarer. - Klassikerforeningen, [1974]. - 39 s. - (Klassikerforeningens Kildehæfter). - (88.2, 32.1)

Se også 138.

600. HANSEN, MOGENS HERMAN og BIRTHE ELKROG: Areopagosrådets historie i 4. årh. og samtidens forestillinger om rådets kompetence før Efialtes. - s. 17-47. - i Museum Tusculanum 1973, nr. 21-22.

Bibliografi s. 45.
Resumé på engelsk s. 47.

601. HYNDING, H. C.: Kort oversigt over Athens statsforfatning :
især i 4. århundrede. - Gyldendal, 1969. - 96 s. - (91.4)

602. ISAGER, SIGNE: anm. af Rudi Thomsen: The Origin of Ostracism
: a Synthesis. - Gyldendal, 1972. - 158 s. - (Humanitas; 4)
. - s. 513-514. - i Historisk Tidsskrift 1974, 13. rk., bd. I.

603. THOMSEN, RUDI: Landsforvisning på potteskår. - s. 18-27 :
ill. - i Sfinx 1977-1978, 1. årg., nr. 1.

Social, økonomisk, kulturel.
604. ALLENDORF, MARLIS: Pigeopdragelsen i det gamle Grækenland. -
s. 12-26 : ill. - i Pigeopdragelsens historie / oversat af
Hans Pendrup og Gerd Gøssel. - Venskabsforeningen Danmark -
DDR, [1979]. - 94 s. : ill. - (32.5)

Artikelserie fra kvindeugebladet "Für Dich".

605. BUNDGAARD RASMUSSEN, BODIL: Det lille barn i Athen. - s. 60-
65, 157-159 : ill. - i Børn i antiken : temahæfte & katalog
/ red. af Jette Christiansen, Mette Moltesen, Anne Marie Niel-
sen. - Ny Carlsberg Glyptotek, 1979. - 238 s. : ill.

En udstilling arrangeret af Ny Carlsberg Glyptotek i samar-
bejde med Kentaur.
Bibliografi s. 65.

606. [BÜLOW, KURT]: Da deltagerne i en olympiade og kvindelige
tilskuere satte livet på spil. - s. 28-29 : ill. - i Sam-
virke 1968, 41. årg., nr. 13.

607. COOTE, JAMES: Det olympiske drama / oversat og bearb. af Ole
Kofoed og Poul Munk. - Lademann, 1977. - 199 s. : ill. -
(79.609)

De antikke olympiske lege: s. 8-11.

608. GILKÆR, HANS TORBEN: Mineforpagternes økonomiske position i
Athen i det 4. årh. f. kr. - s. 53-65. - i Museum Tusculanum
1979, nr. 36-39.

609. HALLAGER, ERIK: Harpiksvin. - s. 148-150 : ill. - i Sfinx
1977-1978, 1. årg., nr. 5.

610. HANSEN, MOGENS HERMAN: Hvor mange slaver var der i Athen på
Demosthenes' tid?. - s. 17-25. - i Museum Tusculanum 1971,
nr. 17.

611. HAUGSTED, IDA: Kvinder i Athen : aspekter af den græske kvindes erhverv og uddannelse belyst ved attiske vasebilleder fra
6.-5. årh. f. kr. - s. 49-116 : 41 fig. - i En kvindes chancer i oldtiden / redaktion Helle Salskov Roberts. - 2. opl. -
Museum Tusculanum : Institut for klassisk Filologi, 1978. -
180 s. : ill. - (Opuscula Graecolatina; nr. 13). - (32.5,
91.4)

1. udg. 1977.
Bibliografi s. 113-116.

612. HJORTSØ, LEO: Græsk sport. - Faglig læsning, 1958, bd. 31,
ny serie, hft. 23. - 32 s. : ill. - (79)

613. ISAGER, SIGNE: Børns retsstilling i Athen i 5. og 4. årh. f.
kr. - s. 48-59. - i Børn i antiken : temahefte og katalog /
red. af Jette Christiansen, Mette Moltesen og Anne Marie
Nielsen. - Ny Carlsberg Glyptotek, 1979. - 238 s. : ill.

En udstilling arrangeret af Ny Carlsberg Glyptotek i samarbejde med Kentaur.
Bibliografi s. 59.

614. ISAGER, SIGNE: Gynaikonitis : the women's quarters. - s. 39-
42. - i Museum Tusculanum 1978, nr. 32-33.

Resumé på engelsk s. 42.

615. LUND, JOHN: Børnelege i Athen. - s. 66-73, 160-162 : ill. -
i Børn i antiken : temahefte & katalog / red. af Jette Christiansen, Mette Moltesen og Anne Marie Nielsen. - Ny Carlsberg Glyptotek, 1979. - 238 s. : ill.

En udstilling arrangeret af Ny Carlsberg Glyptotek i samarbejde med Kentaur.
Bibliografi s. 73.

616. MOGENSEN, ELSE: Pædagogen i oldtidens Grækenland. - s. 13-16
. - i Dansk Pædagogisk Tidsskrift 1979, 27. årg., nr. 1.

617. MOLTESEN, METTE: Omkring en fødsel. - s. 110-114, 176-177 :
ill. - i Børn i antiken : temahefte & katalog / red. af Jette Christiansen, Mette Moltesen og Anne Marie Nielsen. - Ny Carlsberg Glyptotek, 1979. - 238 s. : ill.

En udstilling arrangeret af Ny Carlsberg Glyptotek i samarbejde med Kentaur.
Bibliografi s. 114.

618. NIELSEN, ANNE MARIE: Børn i forhistorisk tid. - s. 40-47,
154-156 : ill. - i Børn i antiken : temahefte & katalog /
red. af Jette Christiansen, Mette Moltesen og Anne Marie
Nielsen. - Ny Carlsberg Glyptotek, 1979. - 238 s. : ill.

En udstilling arrangeret af Ny Carlsberg Glyptotek i samarbejde med Kentaur.
Bibliografi s. 47.

619. RAWSON, ELISABETH: Oldtidens grækere / på dansk ved Erik Hallager. - Schønberg, 1979. - 126 s. : ill. - (91.43)

Originaltitel: Life in ancient Greece.
På omslaget: Hvad vasemaleriet fortæller.

620. ROBERTS, HELLE SALSKOV: En dag i teatret. - s. 131-140 :
ill. - i Nationalmuseets Arbejdsmark 1970.

621.* VERNANT, JEAN-PIERRE: Kommentarer til klassekampen i det antikke Grækenland (1965) / oversat af Brita Schultz. - s. 85-103. - i Den Jyske Historiker 1972-1973, 5. årg., nr. 5-6.

622. WRIEDT SØRENSEN, LONE: Græske børnebegravelser i historisk tid. - s. 96-103, 169-172 : ill. - i Børn i antiken : temahefte & katalog / red. af Jette Christiansen, Mette Moltesen og Anne Marie Nielsen. - Ny Carlsberg Glyptotek, 1979. - 238 s. : ill.

En udstilling arrangeret af Ny Carlsberg Glyptotek i samarbejde med Kentaur.
Bibliografi s. 103.

623. ØSTERGAARD, JAN STUBBE: Børn i skole og erhverv. - s. 74-84, 163-165 : ill. - i Børn i antiken : temahefte & katalog / red. af Jette Christiansen, Mette Moltesen og Anne Marie Nielsen. - Ny Carlsberg Glyptotek, 1979. - 238 s. : ill.

En udstilling arrangeret af Ny Carlsberg Glyptotek i samarbejde med Kentaur.
Bibliografi s. 84.

624. ÅKERSTRÖM-HOUGEN, GUNILLA: Falkejagtens glæder og landarbejdets møje : billeder fra livet på en storbondegård i det senantikke Grækenland. - s. 111-116 : ill. - i Sfinx 1979, 2. årg., nr. 3.

ROM.
Generel, politisk.
625. [ASHLEY, CLARA W. og AUSTIN M. LASHBROOK]: Rom, folket og sproget. - s. 3-9. - i Rostra 1974, nr. 2.

Kulturtekst for 2. real.

626. BOJESEN, CHRISTIAN BO: Pompeius 63-60. - s. 43-47. - i 1066. Tidsskrift for Historisk Forskning 1975, 4. årg., nr. 4-5.

Specialeresumé af De indenrigspolitiske problemer fra 63-60 med særligt henblik på Pompeius og hans hjemkomst. - Københavns Universitet, 1974.

627. CHRISTENSEN, TORBEN: G. Galerius Valerius Maximinus : studier over politik og religion i romerriget 305-13. - 1974. - 273 s. - (91.47)

Festskrift udg. af Københavns Universitet ... april 1974.

628. CHRISTIANSEN, ERIK: Ham Claudius. - s. 54-61 : ill. - i Sfinx 1977-1978, 1. årg., nr. 2.

629. CHRISTIANSEN, ERIK: Den romerske republiks sidste hundrede år. - 2. opl. - Gjellerup, 1972. - 192 sp. : ill. - (Gjellerups Verdenshistorie). - (91.47)

1. udg. 1971.
Bibliografi sp. 176-178.

630. CHRISTOPHERSEN, HANS: Den romerske kalender. - s. 5-7. - i Rostra 1975, nr. 4.

631. CONOLLY, PETER: Den romerske hær / red. Verity Weston ; oversætter Birgitte Brix. - Borgen, cop. 1976. - 77 s. : ill. - (35.58)

Originaltitel: The Roman Army.
Ill. af forfatteren.
Anm. s. 206-207 i Militært Tidsskrift 1977, 106. årg. af
[K. V. Nielsen].

632. DAMSHOLT, TORBEN: anm. af Fergus Millar: The Roman Empire and its Neighbours / with D. Berciu [and others]. - London: Weidenfeld & Nicolson, 1967 [i.e. 1968]. - XII, 362 s., 32 tav. : ill. - s. 304-305. - i Historisk Tidsskrift 1969-1970, 12. rk., bd. IV.

633. DAMSHOLT, TORBEN: anm. af Peter Salway: The Frontier People of Roman Britain. - Cambridge University Press, 1965. - XX, 286 s. : ill. - (Classical Studies). - s. 555-556. - i Historisk Tidsskrift 1968, 12. rk., bd. III, hft. 1-2.

634. DAMSHOLT, TORBEN: anm. af Ramsey MacMullen: Enemies of the Roman Order : Treason, Unrest and Alienation in the Empire . - Harvard University Press ; Oxford University Press, 1967 . - X, 370 s., IV pl. - s. 631-632. - i Historisk Tidsskrift 1969-1970, 12. rk., bd. IV.

635. DAMSHOLT, TORBEN: De gode kejsere og den oplyste enevælde . - s. 1-32. - i Festskrift til Povl Bagge på halvfjerdsårsdagen 30. november 1972 / fra en kreds af elever. - Den Danske Historiske Forening, 1972. - 400 s. - (96.04)

Om det attende århundredes interesse for det romerske kejserdømme og dets ideologi.

636. HAUSCHULTZ MADSEN, LENE MARIE: Specialeresumé af Gaius religionspolitik med særligt henblik på jøderne. - Københavns Universitet. - s. 95-97. - i Museum Tusculanum 1975, nr. 25-26.

Bibliografi s. 97.

637. HJORTSØ, LEO: Rom. - Gad, 1969. - 167 s. : ill. - (91.4)

Bibliografi s. 165.
Historisk fremstilling med udvalgte kilder beregnet for HF.
Anm. s. 1360 i Gymnasieskolen 1969, 52. årg., nr. 23 af Ole Balslev.

638. ISAGER, JACOB: Vespasian og Augustus. - s. 107-117. - i Museum Tusculanum 1977, nr. 30-31.

Tidligere trykt på italiensk i Studia Romana in honorem Petri Krarup septuagenarii, s. 64-71, København, 1976.

639. KOCH, HAL: Konstantin den Store : Pax Romana. Pax Christiana . - 2. udg., 4. opl. - Gyldendal, 1969. - 141 s. - (Gyldendals Uglebøger). - (27.11)

1. udg. 1952.

640. KRARUP, PER: Romersk politik i oldtiden : en orientering i den nyere forskning. - 3. opl. - Gyldendal, 1978. - 177 s. - (91.47)

1. udg. 1971.
Bibliografi s. 169-172.
Anm. s. 51 i Enotria 1971, 4. årg., nr. 3 af Ettore Lolli, s. 56-58 i Museum Tusculanum 1971, nr. 18 af Henrik Bolt-Jørgensen, s. 1269 i Gymnasieskolen 1972, 55. årg., nr. 20 af Jens Erik Skydsgaard og s. 13-15 i Vox Populi 1972, 1. årg., nr. 1 af Ole Smith.

641. KRARUP, PER: Roms storhed og fald. - Munksgaard, 1969. - 83 s. - (Søndagsuniversitetet; 93). - (91.4)

    Bibliografi s. 83-[84].

642. LANZA, MICHELE: Rom og arven efter Alexander / oversat af Kaia Møller, Eleonora Rose og Ole Hjordt-Vetlesen ; oversættelsen er rev. af Per Krarup. - Olivetti Litteraturfond, 1971 . - 292 s. - (91.2, 91.47)

    Originaltitel: Roma e l'eredità d'Alessandro.
    Bibliografi s. 289-292.

643. MAZZARINO, SANTO: Den antikke verdens undergang / oversat af Torben Damsholt. - Munksgaard, cop. 1970. - 227 s. - (Munksgaardserien; 31). - (91.47)

    Originaltitel: La fine del mondo antico.
    Bibliografi s. 205-206.
    Anm. s. 852-854 i Gymnasieskolen 1970, 53. årg., nr. 15 af Finn Gad og s. 49-52 i Museum Tusculanum 1970, nr. 16 af Henrik M. Jansen.
    Se også 660.

644. NOES, PER IVAR: Specialeresumé af Hæren og samfundet i provinserne Afrika og Numidien under det Severiske dynasti. - Københavns Universitet, 1970. - s. 164-167. - i Extracta 1972, 4.

    Bibliografi s. 166-167.

645. P[AGELSKOV], P[OUL] M[ARINUS]: Brødrene Gracchus. - s. 11-15 . - i Societas Latina 1973, 1. årg., nr. 3.

646. Romersk imperialisme 264 f. v. t. - 37 e. v. t. / ved Erik
     Christiansen. - Gyldendal, 1975. - 129 s. - (Historiske
     Kilder). - (91.47)

     Bibliografi s. 124.
     Anm. s. 927 i Gymnasieskolen 1975, 58. årg., nr. 17 af Ivan
     Jensen.

647. Det romerske kejserdømme indtil 180 e. v. t. / [udg.] af
     Aase Bay. - 5. opl. - Gyldendal, 1979. - 155 s. : ill. -
     (Historiske Kildehæfter / udg. af Historielærerforeningen)
     . - (91.47)

     1. udg. 1970.
     Bibliografi s. 155-[156].
     Anm. s. 908-909 i Gymnasieskolen 1970, 53. årg., nr. 16 af
     Finn Gad.

648. ROSTOVTZEFF, M.: Roms historie / oversat af Jens Vanggaard
     . - 5. opl. - Jørgen Paludan, 1977. - 251 s., [2] kort. -
     (Paludans Fiol-Bibliotek; 9). - (91.47)

     1. udg. 1966.
     Originaltitel: Rome.
     Bibliografi s. 249.
     Forord af Jens E. Skydsgaard.

649. SAXTORPH, NIELS M.: anm. af Graham Webster: The Roman Impe-
     rial Army of the first and second centuries A.D. - London:
     Black, 1969. - 330 s., 31 tav. : ill. - s. 315. - i Historisk
     Tidsskrift 1972, 12. rk., bd. VI, hft. 1-2.

650. SAXTORPH, NIELS M.: Romersk militærhistorie. - s. 177-183. -
     i Historisk Tidsskrift 1972, 12. rk., bd. VI, hft. 1-2.

651. SKYDSGAARD, JENS ERIK: anm. af Alan Edgar Astin: Scipio Aemilianus. - Oxford: Clarendon Press, 1967. - XIII, 374 s. - s. 552-554. - i Historisk Tidsskrift 1968, 12. rk., bd. III, hft. 1-2.

652. SKYDSGAARD, JENS ERIK: anm. af Andrew William Lintott: Violence in Republican Rome. - Oxford: Clarendon Press, 1968. - XI, 234 s. - s. 484-485. - i Historisk Tidsskrift 1971, 12. rk., bd. V, hft. 1.

653. SKYDSGAARD, JENS ERIK: anm. af Barbara Levick: Roman Colonies in Southern Asia Minor. - Oxford: Clarendon Press, 1967. - XVI, 256 s., 8 tav. - s. 554-555. - i Historisk Tidsskrift 1968, 12. rk., bd. III, hft. 1-2.

654. SKYDSGAARD, JENS ERIK: anm. af Ernst Badian: Roman Imperialism in the Late Republic. - 2. ed. - Oxford: Blackwell, 1968 . - XII, 117 s. - s. 302-303. - i Historisk Tidsskrift 1969-1970, 12. rk., bd. IV.

655. SKYDSGAARD, JENS ERIK: Clodiusskandalen. - Klassikerforeningen, 1978. - 2 bd. - (Klassikerforeningens Kildehæfter). - (88.1, 88.2, 91.47)

    Bd. 1: 55 s. - (Parallel græsk-dansk og latinsk-dansk tekst). Bd. 2: 27 s. - (Kommentar).

656. SKYDSGAARD, JENS ERIK: Partidannelsen i den sene romerske republik. Wistrand, Erik: Caesar och det samtida romerska samhället. - Københavns Universitets Fond til Tilvejebringelse af Læremidler, 1970. - 19 bl. - (91.47)

    Den danske artikel er et optryk af Historisk Tidsskrift 1966-1967, s. 395-407.

657. SKYDSGAARD, JENS ERIK: Pompeius vender tilbage : studier i romersk politik år 62-59 f. kr. - Gad, 1978. - 85 s. - (Studier fra Sprog- og Oldtidsforskning / udg. af Det Filologisk-Historiske Samfund; nr. 293). -(91.47)

Anm. s. 529 i Gymnasieskolen 1979, 62. årg., nr. 13 af Palle W. Nielsen.

658. SKYDSGAARD, JENS ERIK: Romersk politik i oldtiden. - s. 43-46 : ill. - i Enotria 1971, 4. årg., nr. 3.

659. STEFFENSEN, FINN ERIK: anm. af A. N. Sherwin-White: The Roman Citizenship. - 2. udg. - Oxford University Press, 1973 . - 486 s. - s. 207-208. - i Historisk Tidsskrift 1979, bd. 79, 13. rk., bd. VI.

660. THOMSEN, NIELS: En kulturs undergang - eller hvad?. - s. 127-144. - i Dansk Udsyn 1972, 52. årg.

Overvejelser i tilknytning til 643 og 717.

661. THOMSEN, RUDI: Det augustæiske principat. - 2. udg., 4. opl. - Gyldendal, 1971. - 134 s. : ill. - (Historiske Kildehæfter / [udg. af] Historielærerforeningen). - (91.4)

1. udg. 1963.
Bibliografi s. 135.

662. VINDING, OLE: Tolv romerske kejsere. - Rhodos, 1971. - 199 s. : ill. - (91.47)

Om Cæsar, Augustus, Tiberius, Caligula, Nero, Vespasian, Titus, Trajan, Hadrian, Marcus Aurelius, Konstantin den Store og Julianus.

663. WINEKEN, A.: Scipio Africanus. - s. 3-8. - i Societas Latina
 1973, 1. årg., nr. 2.

 Tidligere trykt i For Romantik og Historie 1872, bd. 8, s.
 566-573.

664. ØRSTED, PETER: anm. af Joseph Georg Wolf: Politik und Ge-
 rechtigkeit bei Trajan. - Berlin ; New York: De Gruyter, 1978
 . - 24 s. - s. 211-212. - i Historisk Tidsskrift 1979, bd.
 79, 13. rk., bd. VI.

 Konstitutionel, administrativ, juridisk.
665. BJERNUM, JØRGEN: Pax romana. - Gyldendal, 1973. - 78 s. :
 ill. - (Historiske Kildehæfter / [udg. af] Historielærerfor-
 eningen). - (88.2, 91.47)

 Bibliografi s. 56-57.
 Hertil diasserie Richter nr. 5091 med teksthæfte.
 Anm. s. 1049 i Gymnasieskolen 1973, 56. årg., nr. 18 af
 Ivan Jensen.

666. BROCKDORFF, HENRIK: Lex Julia de adulteriis coercendis. -
 s. 117-180. - i En kvindes chancer i oldtiden / red. Helle
 Salskov Roberts. - 2. opl. - Museum Tusculanum : Institut
 for klassisk Filologi, 1978. - 180 s. : ill. - (Opuscula
 Graecolatina; nr. 13). - (32.5, 91.4)

 1. udg. 1977.
 Bibliografi s. 180.
 Om Augustus' ægteskabslovgivning.

667. BRØNDUM, NIELS: Neve aurum addito. - s. 680-681. - i Tand-
 lægebladet 1977, 81. årg., nr. 19. - (Ex historia odontologiae)

 Bibliografi s. 681.
 Undtagelse for guld anvendt til tandbehandling fra bestemmel-
 ser om gravgods i "De XII tavlers Lov", Rom 454-450 f. kr.

668. FENGER, OLE: Romerret i Norden. - Berlingske, cop. 1977. -
187 s. - (Berlingske Leksikon Bibliotek; 119). - (34.8)

Om antikken s. 14-19.
Anm. s. 673-674 i Gymnasieskolen 1978, 61. årg., nr. 12 af
Palle W. Nielsen.

669. FRISCHAUER, PAUL: Af mennesker til mennesker : tolvtavle-
loven. - s. 161-173 : ill. - i bd. 1 af Det står skrevet :
banebrydende kildeskrifter / oversat af Alex Garff. - Lade-
mann, [1974]. - 2 bd. - (90.4)

Bibliografi i bd. 2 s. 202-203.

670. HANSEN, JØRGEN: Ekstraordinære kommandoer og lovhjemlet sær-
stilling 80-48 f. kr. - s. 46-62. - i Museum Tusculanum 197o,
nr. 13.

Bibliografi s. 62.
Afløsningsopgave i romersk historie og samfundsforhold.

671. HAASTRUP, LARS: Kommunalvalg i romersk kejsertid. - s. 42-
45 : ill. - i Sfinx 1977-1978, 1. årg., nr. 2.

672. NAMER, JØRN: Specialeresumé af Lex Thoria. En indledning,
oversættelse og kritisk kommentar af de afsnit, der berører
italiske forhold. - Københavns Universitet. - s. 158-
163. - i Extracta 1972, 4.

Bibliografi s. 159, 160, 161, 162.

673. SKYDSGAARD, JENS ERIK: anm. af Lily Ross Taylor: Roman Vo-
ting Assemblies from the Hannibalic War to the Dictatorship
of Caesar. - University of Michigan Press, 1966. - 175 s. :
ill. - (Jerome Lecture Series). - s. 551-552. - i Historisk
Tidsskrift 1968, 12. rk., bd. III, hft. 1-2.

674. STENBÆK, MORTEN: Specialeresumé af En kritisk analyse af
overleveringen om den ældste comitia centuriata med udgangspunkt i Cicero's De re publica. - Københavns Universitet,
- s. 307-313. - i Extracta 1969, 2.

Bibliografi s. 312-313.

675. TAMM, DITLEV: Romerret : indføring i udvalgte emner med romerske retskilder. - Det Retsvidenskabelige Institut ved
Københavns Universitet, [1977]. - XIV, 213 s. - (34.8)

Bibliografi s. 209-210.

676. [WIEMANN ERIKSEN, AUGUST]: anm. af Fritz Saaby Pedersen:
Late Roman Public Professionalism. - Odense University, 1976
. - 88 s. - s. 209-211. - i Historisk Tidsskrift 1979, bd.
79, 13. rk., bd. VI.

677. ØRSTED, PETER: Vespasian og Spanien : mål og midler i romersk
provinsadministration. - Museum Tusculanum, 1977. - 117 s.,
[5] tav., [2] foldede tav. - (Opuscula Graecolatina; nr. 14)
. - (91.47)

Bibliografi s. 94-96.
Appendix: Tekst og oversættelse til Lex Salpensana og Lex
Malacitana.

Social, økonomisk, kulturel.
678. ACUNTO de LORENZO, ELIO: Et par ord om mand/kvinde-forhold
i antikkens Rom. - s. 3-5. - i Rostra 1977, nr. 2.

679. BAY, SV. AAGE: Roms katakomber. - s. 68-74 : ill. - i Sfinx
1979, 2. årg., nr. 2.

680. BAY, AASE: Den romerske finansadministration fra Augustus
til Hadrian. - Maria og Sv. Aage Bay, [1972]. - 2 bd. - (33.7)

Bd. 1: XVII + 230 bl.
Bd. 2: Noter og henvisninger. - 136 bl.
Bibliografi bl. 106-135.
Besvarelse af prisopgave, udskrevet af Aarhus Universitet
for året 1966.

681. BENDER JØRGENSEN, LISE: Klæde fra Römerriget. - s. 10-14 :
ill. - i Skalk 1977, nr. 2.

Om danske fund fra romersk jernalder.

682. BENDIX, GEORG: Rom - en planteskole for ugudelighed, træl-
dom og åndsforagt?. - s. 45-56. - i Aarsskrift for Rødding
Højskoles Elevforening 1968.

Bibliografi s. 56.
Om de tre romerske dyder fromhed, troskab og tapperhed.

683. CHRISTENSEN, DAN CHR.: Specialeresumé af En kritisk redegø-
relse for opfattelsen af det 4. årh.'s romerske finanssystem,
med særligt henblik på adaerationens funktion inden for sy-
stemet og dettes sociale følger. - Københavns Universitet,
1969. - 66 s. - s. 44-50. - i Extracta 1971, 3.

Bibliografi s. 49-50.

684. DUE, OTTO STEEN: Orbis Terrarum. - s. 154-157 : ill. - i
Sfinx 1979, 2. årg., nr. 4.

Om romernes opfattelse af den geografiske verden.

685. ERICSSON, POUL og HANS KRISTOFFERSEN: Det romerske slaveri :
slaver som klasse. - s. 4-20. - i Kritiske Historikere 1978,
nr. 4.

Bibliografi s. 20.

686. FENGER, THOMAS UHRE: En tidshistorisk undersøgelse af slave-
riet på nytestamentelig tid, herunder en vurdering af dets
stilling i de paulinske menigheder : lille emnekredsopgave
under Ny testamente / vejleder: Johannes Nissen. - Teoltryk,
1976. - 40, VI s. - (91.47, 22.7)

Bibliografi s. [VII].
Omslagstitel: Slaveriet på nytestamentelig tid.

687. FRANTZEN, OLE L.: Den romerske flåde i kejsertiden. - s. 9-
18 : ill. - i Marinehistorisk Tidsskrift 1979, 12. årg., nr. 1.

Omarbejdet og forkortet øvelsesopgave fra Københavns Univer-
sitet 1971.

688. FREDBORG, KARIN MARGARETA: Undervisningsidealer og pædagogik
i antikkens Rom og senere i latinsk middelalder. - s. 3-14. -
i Rostra 1977, nr. 3.

Om antikken s. 4-10.
Bibliografi s. 18.

689. FROST LARSEN, DIANNE: Romerske børnebegravelser. - s. 133-
138, 183-186 : ill. - i Børn i antiken : temahefte & katalog
/ red. af Jette Christiansen, Mette Moltesen og Anne Marie
Nielsen. - Ny Carlsberg Glyptotek, 1979. - 238 s. : ill.

En udstilling arrangeret af Ny Carlsberg Glyptotek i samar-
bejde med Kentaur.
Bibliografi s. 138.

690. HANNESTAD, LISE: Mad og drikke i det antikke Rom. - Nyt Nordisk, 1979. - 148 s. : ill. - (64.102)

   Bibliografi s. 10-11.

691. HANNESTAD, LISE: Romersk mad på Claudius' tid. - s. 170-175 : ill. - i Kvindens hvem hvad hvor 1979, 28. årg.

692. HANNESTAD, NIELS: Dyr og mennesker i arenaen. - s. 78-80 : ill. - i Sfinx 1977-1978, nr. 3.

693. HENNINGSEN, NIELS: Skolevæsenet i Rom. - s. 3-7, 10-12 : ill. - i Rostra 1974, nr. 3, 4.

694. JENSEN, KRISTIAN: Sociale formationer omkring slaveriet i det romerske landbrug i 1. årh. e. kr. - s. 77-126. - i Museum Tusculanum 1979, nr. 36-39.

   Bibliografi s. 116-122.
   Resumé på fransk s. 126.
   Eksamensopgave i områdestudium Romersk historie ved Institut for Klassisk Filologi.

695. KROMANN, ANNE: Brød til folket. - s. 45-60 : ill. - i Det daglige brød / [red. Henning Dehn-Nielsen]. - 2. opl. - Nationalmuseet, [1977]. - 158 s. : ill. - (63)

   1. udg. 1976.
   Om kornsituationen i det gamle Rom.

696. KVIUM, CHRISTIAN: Kredit, gæld, gældsslaveri og personalexekution i den romerske stænderkampperiode. - s. 170-218. - i Om studiet af førkapitalistiske samfundsforhold. - Modtryk, 1976. - 218 s. - (Den jyske historiker. Historieteoretisk tidsskrift; 1976, nr. 6)

   Bibliografi s. 214-218.

697. LINDHARDT, P. G.: Skattens mønt. - s. 52-57 : ill. - i Almanak 1970, 4. årg., nr. 1.

Beskatning i Israel omkr. år 0.

698. LUNDBAK, HENRIK: Afhængige bønder i senantikken. - s. 12-31 . - i 1066. Tidsskrift for Historisk Forskning 1977, 7. årg., nr. 2.

Bibliografi s. 30-31.

699. NISBETH, HENRIK: Specialeresumé af En kritisk vurdering af slaveriets betydning i det romerske samfund under de iulisk-claudiske kejsere. - Københavns Universitet. - s- 206-211. - i Extracta 1968, 1.

Bibliografi s. 210-211.
Også resumé s. 2-6 i Museum Tusculanum 1968, 1. årg., hft. 5.
Bibliografi s. 6.

700. PAGELSKOV, POUL M.: Gladiatorkampe : kulturtekst anvendelig i 9. klasse. - s. 13-15. - i Rostra 1978, nr. 5.

701. PEDERSEN, NIELS HENRIK: Romerriget. - s. 68-75. - i Produktion og udbytning i førkapitalismen. - Modtryk, 1978. - 159 s. - (Den jyske historiker. Historieteoretisk tidsskrift; nr. 14)

Udbytningsrelationer i et førkapitalistisk samfund, især med henblik på slaveri.

702. ROBERTS, HELLE SALSKOV: "Hun sad i sit hus og spandt uld". - s. 45-58 : ill. - i Nationalmuseets Arbejdsmark 1968.

Om tekstilproduktion i oldtiden.

703. Det romerske slaveri / ved Jens Erik Skydsgaard. - 2. gennemsete udg. - Klassikerforeningen, 1975. - 2 bd. - (Klassikerforeningens Kildehæfter). - (88.1, 88.2, 91.47)

   1. udg. 1974.
   Tekst: 80 s.
   Kommentar: 21 s.
   Parallel latinsk tekst og dansk oversættelse.
   Anm. s. 64-65 i Museum Tusculanum 1974, nr. 24 af Niels W. Bruun.

704. SAXTORPH, NIELS M.: anm. af G. R. Watson: The Roman Soldier . - London: Thames & Hudson, 1969. - 256 s. : ill. - s. 313-314. - i Historisk Tidsskrift 1972, 12. rk., bd. VI, hft. 1-2.

705. SKYDSGAARD, JENS ERIK: anm. af John Nisbet Wilson: Emigration from Italy in the Republican Age of Rome. - Manchester University Press, 1966. - XVI, 280 s., tav. : kort. - s. 280-282. - i Historisk Tidsskrift 1968, 12. rk., bd. III, hft. 1-2.

706. SKYDSGAARD, JENS ERIK: De fire årstider i romersk landbrug : efteråret. - s. 108-110 : ill. - i Sfinx 1979, 2. årg., nr. 3.

   Om vindyrkning.

707. SKYDSGAARD, JENS ERIK: De fire årstider i romersk landbrug : sommeren. - s. 75-79 : ill. - i Sfinx 1979, 2. årg., nr. 2.

708. SKYDSGAARD, JENS ERIK: De fire årstider i romersk landbrug : vinteren. - s. 135-137 : ill. - i Sfinx 1979, 2. årg., nr. 4.

709. SKYDSGAARD, JENS ERIK: Kulturskifte. - s. 33-47. - i Historisk förändring. Föredrag från Nordiska fackkonferensen för historisk metodlära på Örenäs i Skåne 15.-19. juni 1975. - Oslo: Universitetsforlaget, cop. 1976. - 178 s., [1] bl. - (Studier i historisk metode; 11)

Om kulturelle omskiftelser i Roms antikke historie.

710.* SKYDSGAARD, JENS ERIK: Det romerske slaveri og marxismen. - s. 73-84. - i Den Jyske Historiker 1972-1973, 5. årg., nr. 5-6.

711. STEFFENSEN, FINN ERIK: anm. af Ramsey MacMullen: Roman Social Relations. - New Haven, London: Yale University, 1974. - IX, 212 s. - s. 208-209. - i Historisk Tidsskrift 1979, bd. 79, 13. rk., bd. VI.

712. WORM, ERIK: Specialeresumé af Vindyrkningen i det antikke Italien, som den skildres af Sriptores Rei Rusticae (Cato, Varro og Columella), Vergil og Plinius. - Københavns Universitet. - s. 331-336. - i Extracta 1968, 1.

Bibliografi s. 335-336.
Også resumé s. 2-6 i Museum Tusculanum 1968, 1. årg., hft. 3.
Bibliografi s. 6.

713. ØRSTED, PETER: Romerske børn. - s. 115-124. - i Børn i antiken : temahefte & katalog / red. af Jette Christiansen, Mette Moltesen og Anne Marie Nielsen. - Ny Carlsberg Glyptotek, 1979 . - 238 s. : ill.

En udstilling arrangeret af Ny Carlsberg Glyptotek i samarbejde med Kentaur.
Bibliografi s. 124.

714. ØRSTED, PETER: Det romerske klassesamfund : et debatoplæg
om den sociale struktur i Rom på Claudius' tid. - Suenson, cop.
1978. - 32 s. - (Historie og klassekamp). - (30.16, 91.47)

Bibliografi s. 32.
Anm. s. 39-44 i Kritiske Historikere 1978, nr. 4 af Hans-Christian Hansen og Henrik Tvarnø og s. 209 i Historisk Tidsskrift
1979, bd. 79, 13. rk., bd. VI af Finn Erik Steffensen.

Kristenforfølgelser.
715. CHRISTENSEN, TORBEN: Fra evangelium til den pavelige gudsstat : Kyrkohistoria I. - Svenska Bokförlaget : Munksgaard,
1969. - 6, 424 s. : ill. - (Scandinavian university books). -
(27)

Flere afsnit om forholdet mellem den romerske stat og kristendommen.
Anm. s. 457 i Den danske Realskole 1970, 72. årg., nr. 9 af
Jørn Jørgensen.

716. CHRISTENSEN, TORBEN: Kristendommen og Imperium Romanum : kirkens oprindelse og historie til år 600. - Munksgaard, 1967. -
442 s., 2 tav. - (Scandinavian University Books). - (27.11)

717. CHRISTENSEN, TORBEN: Romermagt, hedenskab og kristendom : en
kulturkamp. - Gad, 1970. - 303 s. - (27.11, 91.47)

Bibliografi s. 298-300.
Anm. s. 761-762 i Den danske Realskole 1971, 73. årg., nr.
14 af Jørn Jørgensen, s. 40-41 i Gymnasieskolen 1971, 54. årg.,
nr. 1 af Erhard G. Jensen og s. 453-454 i Præsteforeningens
Blad 1971, 61. årg., nr. 28 af Rich. Teislev.

718. GRANE, LEIF: Kirken i historien : de første otte århundreder
. - Gyldendal, 1973. - 221 s. - (27.11)

Om antikken s. 22-70.
Bibliografi s. 40-41, 69-70.

719. HAYSTRUP, HELGE: Oldkirken. - Lohse, 1974. - 190 s., 16 tav. -
(27.11)

Kap. 4 tidligere trykt s. 8-18 i Stiftsbog og landemodeakt
for Lolland-Falsters stift 1972.
Kap. 6 tidligere trykt s. 665-671 i Præsteforeningens Blad
1972, 62. årg., nr. 41.

720. PEDERSEN, KIRSTEN HELLE og FINN ERIK STEFFENSEN: De romerske
kristenforfølgelser : en udvalgt og kommenteret bibliografi
. - Odense universitet, 1976. - 66 s. - (Skrifter fra Institut for Historie og samfundsvidenskab; 16). - (01.627)

721. De romerske kristenforfølgelser / ved Finn Erik Steffensen. -
Gyldendal, 1975. - 105 s. : ill. - (Historiske kilder). -
(27.11)

Bibliografi s. 102.
Anm. s. 850 i Gymnasieskolen 1975, 58. årg., nr. 16 af Ivan
Jensen.

722. RUDE, POUL: Kirken under kejserne. - Gjellerup, 1970. - 154
sp. : ill. - (Gjellerups Verdenshistorie). - (27.11)

Bibliografi sp. 91-92.
Anm. s. 1210 i Gymnasieskolen 1970, 53. årg., nr. 21 af Erik
Bach-Nielsen ... [et al.].

723. SØBY CHRISTENSEN, ARNE: Kristenforfølgelserne i Rom indtil
år 250 : en forskningsdiskussion. - Gad, 1977. - 86 s. -
(Studier fra sprog- og oldtidsforskning / udg. af Det Filo-
logisk-Historiske Samfund; nr. 292). - (27.11)

Bibliografi s. 72-86.

TOPOGRAFI.

Arkæologi og historie, der knytter sig til en bestemt lokalitet, er placeret her.

Rejsehåndbøger er medtaget i den udstrækning, der er en samlet fremstilling af det omhandlende steds oldtidshistorie.

Større områder er placeret først, ordnet alfabetisk efter forfatter, derefter de enkelte lokaliteter ordnet alfabetisk efter lokalitetens danske navn.

724. BENDIX, HANS: 2000 år - det er meget : i det klassiske Italien . - Gyldendal, 1978. - 124 s. : ill. - (47.5)

 Ill. af forfatteren.
 Causeri om Italien gennem tiderne med hovedvægt på antikken.

725. GEISLER, HANS: Grækenland. - Samleren, cop. 1977. - 203 s. : ill. - (Samlerens Rejsehåndbøger). - (47.7)

726. GRØNBECH, BO: Etruskerne : det forsvundne folk. - 5. opl. - Gad, 1969. - 180 s., 24 tav. - (91.3)

 1. udg. 1956.
 Bibliografi s. 180.

727. GRØNBECH, BO: Sicilien - et historisk rids. - Gad, 1975. - 102 s. : ill. - (97.57)

 Grækerne. Romerne: s. 13-35.

728. HEURGON, JACQUES: Dagligt liv hos etruskerne / dansk udg. ved Helle Salskov Roberts ; oversat af Mogens Boisen. - Haase, 1970. - 325 s., 16 tav. - (Haases Facetbøger; 34). - (91.45)

 Originaltitel: La vie quotidienne chez les Étrusques.
 Bibliografi s. 294 og i noterne s. 294-315.

729. KONSTANTINOPOULOS, G.: Filerimos Ialisos - Kamiros / Apolo, [1974] . - 143 s. : ill. - Apolloserien; 21). - (91.33)

Oversat fra nygræsk.
Fotografier af "Hannibal".
Billedværk med tekst på engelsk, spansk, fransk, italiensk, tysk, svensk og dansk.

730. NØRSKOV MADSEN, KAREN: Etruskisk historie. - s. 19-20. - i Rostra 1979, nr. 8.

Kort oversigt med tidstavle.

731. POULSEN, ERIK: Romere i Tyskland : Trier, Köln, Saalburg. - s. 3-16 : ill. - i Rostra 1978, nr. 6.

732. ROHDE, PETER P.: Sicilien. - Forum, 1975. - 142 s. : ill. - (47.57 Sicilien)

Rejsebeskrivelse.

733. ROHDE, PETER P.: Syditalien. - Forum, 1974. - 207 s. : ill. - (47.5)

734. SKYDSGAARD, JENS ERIK: Forskningen af Via Clodia en af de ældste romerveje. - s. 16-18 : 1 kort. - i Humaniora 1972-74. Beretning om Statens humanistiske Forskningsråd.

735. SKYDSGAARD, JENS ERIK: Den glemte "paese". - s. 20-21 : ill. - i Enotria 1970, 3. årg., nr. 2.

Om små byer i Etrurien.

736. SKYDSGAARD, JENS ERIK: Via Clodia. - s. 5-7. - i 1066. Tidsskrift for Historisk Forskning 1972, 1. årg., nr. 8.

Studier i romersk vejvæsen.

737. ØRSTED, PETER: Det romerske Spanien. - s. 152-157 : ill. - i Sfinx 1977-1978, 1. årg., nr. 5.

AGUNTUM.
738. [CHRISTOPHERSEN, HANS]: Ausgrabung Aguntum. - s. 3-12 : ill. - i Rostra 1979, nr. 8.

AIGAI.
739. DAMSGAARD-MADSEN, AKSEL og NANNA WESTERGAARD-NIELSEN: Filip den Anden's grav?. - s. 35-40 : ill. - i Sfinx 1977-1978, 1. årg., nr. 2.

740. KENTAUR: Et nyt gravfund i Makedonien / tekster af Kentaur, en gruppe klassiske arkæologer. - [Ny Carlsberg Glyptotek], 1978. - 80 s., [25] tav. - (91.43, 91.33)

Bibliografi efter hvert afsnit.
Om Philip II's grav.
På omslaget: En plancheudstilling 1. november til 30. januar 1979.

ASINE.
741. DIETZ, SØREN: Kistegrave fra den første græsk storhedstid - en foreløbig meddelelse fra udgravningerne i Asine. - s. 57-70 : ill. - i Nationalmuseets Arbejdsmark 1971.

742. DIETZ, SØREN: Profil af en mørk tidsalder. - s. 131-142 :
ill. - i Nationalmuseets Arbejdsmark 1974.

Om grave fra geometrisk tid.

743. DIETZ, SØREN: Svensk-danske udgravninger i Grækenland. - s.
22-23 : ill. - i Danmarksposten 1976, nr. 6.

ATHEN.
744. JOHANSEN, FLEMMING: Korerne på Athens Akropolis. - Permild &
Rosengreen, 1976. - 75 upag. s. : ill. - (91.33)

Bibliografi s. [75].

745. KRONBORG, N. A.: Storm over Akropolis. - Privattryk, 1978. -
29 s. : ill. - (47.7)

Rejseindtryk.

746. RAMSING, BOB: Athen. - Berlingske, 1974. - 147 s. : ill. -
(Berlingske rejseserie). - (47.77 Athen)

Om antikken især s. 10-21.

747. RAVNBØL, ULRICH: Akropolis. - 2. udg. - Samleren, 1978. -
111 s. : ill. - (Samlerens rejsehåndbøger). - (91.33, 91.43)

1. udg. 1963 (Samlerens lommehåndbøger).
Mytologisk leksikon s. 104-111.

BOSRA.
748. Opmålingen af det romerske teater i Bosra, Syrien / tekst Helge Finsen ; med lokalhistorisk supplement [...] af Soleyman Mougdad ; opmåling Anne og Jørn Ørum-Nielsen, Birthe og Thorkel Dahl ; fotografier Helge Finsen, Thorkel Dahl og Direction Générale, Damascus. - Munksgaard, 1972. - 24 s., 19 tav. : ill. - (Analecta Romana Instituti Danici; VI). - (Supplementum). - (91.25)

CUMA.
749. LOLLI, ETTORE: Cuma. - s. 16-20 : ill. - i Enotria 1973, 6. årg., nr. 2.

ELIS.
750. SKOV, GERT ERNST: Thyia og det dionysiske thiasos i Elis. - s. 2-5. - i Fra den klassisk filologiske hverdag : H. Friis Johansen quinquagenario / udg. af P. S. Sørensen og G. Torresin. - Vox Populi, 1977. - 56 s. - (89.15)

Om kvindelige kultmenigheder for Dionysos.

EPIDAUROS.
751. HAARLØV, BRITT: Epidauros : kultsted og kursted. - Klassikerforeningen, 1977. - 107 s. : ill., 6 pl. - (Klassikerforeningens Kildehæfter). - (91.33)

FICANA.
752. MOLTESEN, METTE og TOBIAS FISCHER-HANSEN: Det fællesnordiske udgavningsprojekt i Ficana, Acilia (Pl. X-XII). - s. 97-105 : 1 kort. - i Museum Tusculanum 1976, nr. 28-29.

Bibliografi s. 104-105.

753. NIELSEN, INGE, ANETTE RATHJE og HEID GJOSTEIN RESI: Et hus
på Ficana-højen. - s. 26-29 : ill. - i Sfinx 1979, 2. årg.,
nr. 1.

HALIKARNASSOS.
754. HØJLUND, FLEMMING: Slagtofferfundet ved Mausolæet i Halikarnassos : en osteo-arkæologisk undersøgelse sammenholdt med
skriftlige efterretninger om offerpraksis. - s. 67-76 : ill. -
i Museum Tusculanum 1979, nr. 36-39.

Resumé på engelsk s. 73.
En lettere omarbejdning af et foredrag holdt i Klassisk Arkæologisk Forening d. 21. april 1979.

755. JEPPESEN, KRISTIAN: Mausolæet i Halikarnassos. - s. 41-55 :
ill. - i Naturens Verden 1976, nr. 2.

JERUSALEM.
756. HEDEGAARD, E. O. A.: Jerusalems undergang 70 e. kr. - s. 1-
55 : ill. - i Krigshistorisk Tidsskrift 1970, 6. årg., nr. 1.

Bibliografi s. 54.

KARTHAGO.
757. BUHL, MARIE-LOUISE og SØREN DIETZ: Karthago bør reddes. -
s. 183-185 : ill. - i Nationalmuseets Arbejdsmark, 1975.

758. JØRGENSEN, EILER: Karthago. - s. 11-15. - i Rostra 1977,
nr. 1.

759. Nye danske udgravninger i oldtidens Karthago / af Elga Andersen ... [et al.]. - s. 50-64 : ill. - i Nationalmuseets Arbejdsmark 1978.

KNOSSOS:
760. HALLAGER, ERIK: Knossos paladsets endeligt - hvornår?. - s. 100-102 : ill. - i Humaniora 1974-1976. Beretning fra Statens Humanistiske Forskningsråd.

Beskrivelse af forskningsprojekt.

761. STRØM, INGRID: anm. af Erik Hallager: The Mycenaean Palace at Knossos : Evidence for Final Destruction in the IIIB Period. - Stockholm, 1977. - 120 s. : ill. - (Memoir / Medelhavsmuseet, I). - s. 431-433. - i Historisk Tidsskrift 1979, bd. 79, 13. rk., bd. VI.

Debat omkring anm.: Erik Hallager s. 433-434.
                    Ingrid Strøm s. 434-435.
                    Erik Hallager s. 435.

KRETA.
762. BORUP, GEORG: Vor kulturarv 2 : Kreta. - s. 481-491 : ill. - i Vor viden 1971-72, hft. 460.

763. COTTRELL, LEONARD: Tyren fra Kreta / oversat af Niels Maaløe . - [Ny udg.]. - Schønberg, 1971. - 286 s. : ill. - (Schønbergs Kulturelefanter). - (91.33)

1. udg. 1958.
Originaltitel: The bull af Minos.
Bibliografi s. 281-282.
Forord af Per Krarup.

764. HIGGINS, REYNOLD: Kreta / oversat af Dorith Madsen. - Schønberg, 1976. - 115 s., [8] tav. : ill. - (Fra arkæologiens verden). - (91.33)

Originaltitel: The Archaeology of Minoan Crete.
Tegninger af Rosemonde Nairac.

KYDONIA.
765. HALLAGER, ERIK: En by i provinsen. - s. 139-145 : ill. - i
Sfinx 1979, 2. årg., nr. 4.

Om udgravning af vestkretisk by.

LAVINIUM.
766. MOSCATI, SABATINO: På sporet af Æneas / oversat af Niels Felskov. - s. 18-21 : ill. - i Enotria 1972, 5. årg., nr. 2.

Om udgravninger af kultsted.

LINDOS.
767. KONSTANTINOPOULOS, G.: Lindos. - Apolo, [1974]. - 142 s. :
ill. - (Apolloserien; 14). - (71.777, 91.33)

Oversat fra nygræsk.
Om antikken især s. 3-16.
Fotografier af "Hannibal".
Bibliografi s. 61-62.
Billedværk med tekst på engelsk, spansk, fransk, italiensk,
tysk, svensk og dansk.

MARATHON.
768. BASSING, E.: Den græsk-persiske krig : slaget ved Marathon
29. september 480 f. kr. - s. 446-454 : ill. - i Militært
Tidsskrift 1968, 97. årg.

Del af artiklen Grundelementer - endnu en gang (s. 445-472).

769. Fortidens bedrifter i nutidens lys ... . - s. 16-18 : ill. -
i Samvirke 1970, 43. årg., nr. 15.

Om gravplads med faldne fra slaget ved Marathon.

MONTE BECCO.
770. STRØM, INGRID: Monte Becco - en etruskisk beboelseshøj. - s. 59-62 : ill. - i Humaniora 1976-78, 3. Beretning fra Statens Humanistiske Forskningsråd.

Udgravning ved Lago di Mezzano nær Bolsena-søen i Mellemitalien.

MYKENE.
771. BORUP, GEORG: Fra oldtidens Hellas II : Mykenais historie. - s. 748-761 : ill., 2 kort. - i Vor viden 1968-69, hft. 440.

OSTIA.
772. HARSBERG, ERLING: Ostia : Roms havneby. - 2. udg. - Museum Tusculanum, 1979. - 192 s., XXX tav. : ill., 1 foldet kort. - (91.37, 91.47)

1.udg. Gad 1964.
Bibliografi s. 182-184.

POMPEJI.
773. DE FINE LICHT, KJELD: Pompeii - byplan og arkitektur. - s. 10-13 : ill. - i Louisiana Revy 1977, 18. årg., nr. 11.

Bibliografi s. 28.

774. HJORT, ØYSTEIN: En by stiger op af asken. - s. 19-22 : ill. - i Samvirke 1977, 50. årg., nr. 9.

775. HØEG ALBRETHSEN, P.: Malerier, mønter og mennesker i Pompeji . - s. 28-32 : ill. - i Møntsamlernyt 1978, 9. årg., nr. 2.

776. HAASTRUP, LARS: Pompeii - lokalsamfundet. - s. 16-17 : ill. -
i Louisiana Revy 1977, 18. årg., nr. 1.

Bibliografi s. 28.

777. MYGIND, HOLGER: Pompeiistudier. - Det filologisk-historiske
Samfund : i kommission hos Museum Tusculanum, 1977. - [397]
s. (flere pag.)} 1 foldet tav. : ill. - (91.37)

Uændret optryk af udg. 1920, 1916, 1918 og 1924. - Indhold:
Pompejis Undergang. Pompejis Vandforsyning. Hygiejniske For-
hold i Oldtidens Pompeji. Badene i de pompejanske Privathuse.
Forord af J. E. Skydsgaard.

778. Pompeji / [af Fulvia Bengtsson ... [et al.] ; red. af Jørn
Namer og Signe Holm-Larsen ; red. bearb. Hans Christopher-
sen]. - Rostra, [1978]. - 2 bd. : ill. - (91.37)

Bd. 1: Husbyggeri, erhvervsliv, vandforsyning. - 47 s.
Bd. 2: Fester og fornøjelser, religion. - 39 s.
Bibliografi s. 44-46 i bd. 1, s. 38 i bd. 2.

779. POULSEN, ERIK: Kunsten i Pompeii. - s. 24-28 : ill. - i Loui-
siana Revy 1977, 18. årg., nr. 1.

Bibliografi s. 28.

780. SEEDORFF, HANS HARTVIG: Pompeji : breve fra byen som ikke
ville dø. - [Ny udg.]. - Carit Andersen: Selskabet bogvennerne
, cop. 1977. - 205 s. : ill. - (91.47)

1. udg. 1966.
Fotografier af Kirsten Kyhl og vignetter af Palle Pio.

781. SKYDSGAARD, JENS ERIK: Pompeii - en by i Campanien. - s. 4-
6 : ill. - i Louisiana Revy 1977, 18. årg., nr. 1.

Bibliografi s. 28.

782. SKYDSGAARD, JENS ERIK: Pompeii : en romersk provinsby. - 2.
udg., 3. opl. - Museum Tusculanum, 1979. - 181 s., 24 tav. :
ill., 2 foldede kortbilag. - (91.47)

1. udg. Gad 1970.
Bibliografi s. 190 .
Anm. s. 36 i Enotria 1970, 3. årg., nr. 2 af Niels Felskov,
s. 59-61 i Museum Tusculanum 1970, nr. 15 af Lars Haastrup,
s. 986 i Gymnasieskolen 1972, 55. årg., nr. 16 af Rolf Hesse
og s. 249-250 i Historisk Tidsskrift 1976, 13. rk., bd. III
af F. E. Steffensen.

783. SKYDSGAARD, JENS ERIK: Pompeii : hverdag og fest. - s. 18-21
: ill. - i Louisiana Revy 1977, 18. årg., nr. 1.

Bibliografi s. 28.

784. VANAGS, PATRICIA: Pompeji / [oversat ... af Lars Hjortsø]. -
Lademann, 1979. - 127 s. : alle ill. - (91.37, 91.47)

Originaltitel: The glory that was Pompeii.
Fotografisk billedværk.

PUTEOLI.
785. FELSKOV, NIELS: Pozzuoli, romernes Puteoli. - s. 28-38 : ill
. - i Enotria 1970, 3. årg., nr. 2.

Om handel.

PYLOS.
786. GUNDER-HANSEN, EDWIN: Europas første badekar : rejsebrev fra
    det sydlige hjørne af Peloponnes. - s. 20, 29 : ill. - i
    Ingeniøren 1979, 5. årg., nr. 15.

PÆSTUM.
787. HAHN, MARGRETE: Udspringeren, Den sorte Ridder og andet grav-
    folk i Pæstum. - s. 16-21 : ill. - i Sfinx 1979, 2. årg.,
    nr. 1.

    Om bemalede gravplader.

RHODOS.
788. DIETZ, SØREN og STEFFEN TROLLE: Arkæologens Rhodos. - Natio-
    nalmuseet, 1974. - 130 s. : ill. - (91.33)

    Anm. s. 93-96 i Museum Tusculanum 1976, nr. 27 af Ida Haug-
    sted.

789. DIETZ, SØREN og STEFFEN TROLLE: Rhodos 70 år efter. - s. 61-
    71 : ill. - i Nationalmuseets Arbejdsmark 1976.

    Om hvilken betydning Rhodosekspeditionen 1902-1914 har haft
    for Nationalmuseets 5. afdeling, Antiksamlingen.

790. EIDER, PREBEN: Rhodos. - Berlingske, [1972]. - 160 s. : ill. -
    (Berlingske Rejsebøger). - (47.77 Rhodos)

791. RAVNBØL, ULRICH: Rhodos : til rejse- og studiebrug. - 6. æn-
    drede udg. - Samleren, 1977. - 174 s. : ill. - (Samlerens
    Lommehåndbøger. - (47.77 Rhodos)

    1. udg. 1965.
    Bibliografi s. 170-171.

ROM.
792. ANKERFELDT, CARL: Gensyn med Rom. - Schultz, cop. 1971. - 224 s. : ill. - (47.57 Rom, 39.3)

Bibliografi s. 224.
Rejsebog.

793. ANKERFELDT, CARL: Rejsetips : spillehelvedet på Forum. - s. 34 : ill. - i Enotria 1971, 4. årg., nr. 2.

794. ANKERFELDT, CARL: Romerske hemmeligheder. - Poul Kristensen, 1977. - 221 s. : ill. - (47.57 Rom)

Rejsebog.

795. ANKERFELDT, CARL: Romerske lokaliteter : glimt af det skjulte Rom. - Schultz, 1974. - 200 s. : ill. - (47.57 Rom)

Bibliografi s. 200.
Rejsebog.

796. ANKERFELDT, CARL: Romerske motiver og stemninger. - Poul Kristensen, 1978. - 257 s. : ill. - (47.57 Rom)

Rejsebog.

797. ANKERFELDT, CARL: Vandringer i det antikke Rom. - Schultz, 1976. - 252 s., 2 tav. : ill., 1 kort. - (91.37, 91.47)

Bibliografi s. 243-244.
Rejsebog.

798. ELMQUIST, CARL JOHAN: Rom. - Carit Andersen, cop. 1978. - 176 s. : ill. - (47.57 Rom)

Bibliografi s. 171.
Rejsebog.

799. HEYDEN, A. VAN DER og J. J. M. TIMMERS: Den evige stad : en byvandring i Rom / oversat af Leo Hjortsø. - Lademann, 1975 . - 119 s. : ill. - (71.775, 47.57 Rom)

Originaltitel: The Glory of Rome.
Billedværk.

800. HØEG, SUSANNE: Turen gik til Rom. - s. 65-67 : ill. - i Sfinx 1979, 2. årg., nr. 2.

Heri uddrag af Mirabilia Urbis Romae efter forfatterens oversættelse.

801. ISAGER, JACOB: Forum Romanum og Palatin. - 2. opl. med enkelte rettelser. - Odense Universitetsforlag, 1977. - 182 s. : ill . - (91.37, 91.47)

1. udg. 1977.
Anm. s. 51 i Gymnasieskolen 1978, 61. årg., nr. 1 af Palle W. Nielsen og s. 435-437 i Historisk Tidsskrift 1979, bd. 79, 13. rk., bd. VI af Jan Stubbe Østergaard og Jørgen Christian Meyer.

802. ISAGER, JACOB: Liv og død på Forum Romanum. - s. 80-86 : ill . - i Sfinx 1979, 2. årg., nr. 2.

803. JACOBSEN, KAREN: Bogen om Rom : en vejledning for turister. -
5. udg. - Schultz, 1969. - 149 s. : ill., 1 kort. - (47.57
Rom)

Rejsebog.

804. KORNERUP, GORM: Er Kolosseum til fals?. - s. 7-9 : ill. - i
Enotria 1972, 5. årg., nr. 2.

805. KRARUP, PER: Rom : historie og hverdag / med fotografier af
Marie-Louise Brimberg. - 2. opl. - Forum, 1974. - 215 s. :
32 tav. - (Ad Italiens veje; 2). - (47.57 Rom, 91.47)

1. udg. 1973.
Bibliografi s. 211-212.
Anm. s. 43-44 i Enotria 1974, 7. årg., nr. 1 af Victor Rasmussen.

806. MEYER, CHRISTIAN: Roms grundlæggelse. - s. 87-92 : ill. - i
Sfinx 1979, 2. årg., nr. 2.

807. MORTON, H. V.: Roms fontæner / med 49 farvefotografier ved
Mario Carrieri samt andre ill. ; oversat af Karen Nyrop Christensen. - 2. opl. - Nyt Nordisk, 1973. - 301 s. : ill. -
(73.75)

1. udg. 1967.
Originaltitel: The waters of Rome.
Om antikken især s. 16-52.

808. MORTON, H. V.: Roms trylleri / oversat af Soffy Topsøe ; fotografier af Andreas Fischer-Hansen. - 2. udg. / oversættelsen ... gennemgået og rev. af Mette Moltesen. - Nyt Nordisk,
1976. - 335 s. : ill. - (47.57 Rom)

1. udg. 1968.
Originaltitel: A traveller in Rome.
Rejsebog.

809. ROHDE, PETER P.: Forum Romanum. - Forum, 1971. - 46 s. : ill
. - (91.47)

810. S[TEEN], E[RIK]: Rom, imperiets hjerte. - s. 3-6 : ill. - i
Rostra 1975, nr. 2.

Bearb. på grundlag af Ashley & Lashbrook.

811. VADNAI, SUSANNA og TORSTEN ÅRHEM: Sagnenes Rom / på dansk ved
Hagmund Hansen. - 2. udg., 4. opl. - Samleren, 1974. - [80]
s. : ill. - (47.57)

1. udg. 1961.
Originaltitel: Sägnernas Rom.

SUKAS.
812. SKYDSGAARD, JENS ERIK: anm. af P. J. Riis: Sukas I : the North
-East Sanctuary and the First Settling af Greeks in Syria and
Palestine. - Munksgaard, 1970. - 179 s. : 6 kort. - (Histo-
risk-Filosofiske Skrifter / Det Kongelige Danske Videnskaber-
nes Selskab; 5, 1) og af Gunhild Ploug: Sukas II : the Aega-
ean, Corinthian and Eastern Greek Pottery and Terracottas. -
Munksgaard, 1973. - 124 s. : pl. - (Historisk-Filosofiske
Skrifter / Det Kongelige Danske Videnskabernes Selskab; 6, 2)
. - s. 202-204. - i Historisk Tidsskrift 1979, bd. 79, 13.
rk., bd. VI.

TAORMINA.
813. DRESLOV, AKSEL: Taormina og det klassiske Sicilien. - Samle-
ren, cop. 1976. - 143 s. : ill. - (Samlerens lommehåndbøger)
. - (47.57 Taormina)

Rejsebeskrivelse.

TRIER.
814. PRINDAL-NIELSEN, KJELD: Den sorte port i Trier. - s. 170-173, 180-181 : ill. - i Vor viden 1973, nr. 3, hft. 479.

Om den romerske byport Porta Nigra.

XANTHOS.
815. ZAHLE, JAN: Harpyiemonumentet i Xanthos : en lykisk pillegrav . - Gad, 1975. - 107 s., 13 tav. : ill. - (Studier fra Sprog- og Oldtidsforskning / [udg. af] Det filologisk-historiske Samfund; nr. 289). - (91.23)

Bibliografi s. 101-104.
Anm. s. 123-124 i Museum Tusculanum 1976, nr. 28-29 af Leo Hjortsø.

KUNST OG ARKÆOLOGI.

816. AMMUNDSEN, STEFFEN: Specialeresumé af Ikonografiske studier
     af den Juliske og Julisk-Claudiske kejserfamilie. - Køben-
     havns Universitet. - s. 16-28. - i Extracta 1972, 4.

     Bibliografi og billedhenvisninger s. 21-28.

817. BROBY-JOHANSEN, R.: Historien om maleriet i Europa fra istid
     til nutid. - [Nyt oplag]. - [Gyldendal], 1978. - 146 s. : ill
     . - (Gyldendals uglebøger). - (74.1)

     1. udg. 1964.
     Europa kommer til Kreta. Græske vaser, etruskiske grave og
     romerske villavægge: s. 12-19.
     Teksten tidligere trykt i Hjemmets pinakotek.

818. BROCHMANN, ODD: En lille bog om stil, form og fællesskab /
     ill. af forfatteren. - Nyt Nordisk, 1972. - 129 s. : ill. -
     (70.15)

     Kong Minos. Grækerne. Romerne: s. 41-59.

819. BUNDGAARD, J. A.: Den græske kunsts historie : fremstillet
     i omrids. - 8. udg., 4. opl. - Gyldendal, 1979. - 127 s. :
     ill. - (91.33)

     1. udg. 1932.

820. CONTI, FLAVIO: Kort og godt om græsk kunst / [idé og udform-
     ning Harry C. Lindinger ; tegner Mariarosa Conti ; oversat
     af Christy Grandjean]. - Samleren, cop. 1979. - 63 s. : ill. -
     (91.33)

     Originaltitel: Come riconoscere l'arte Greca.
     Rygtitel: Græsk kunst.

821. GOMBRICH, E. H.: Kunstens historie / oversat af Palle Lauring og Hannemarie Ragn Jensen. - [2. udg.]. - Gyldendal, 1979. - 505 s. : ill. - (70.9)

1. udg. 1953.
Den store opvågnen. Skønhedens rige. Verdenserobrere: s. 46-93.

822. HANNESTAD, NIELS: Romersk kunst som propaganda : aspekter af kunstens brug og funktion i det romerske samfund. - Berlingske, 1976. - 355 s., [56] tav. - (Berlingske leksikonbibliotek). - (91.37)

Bibliografi s. 319-335.
Anm. s. 808 i Gymnasieskolen 1976, 59. årg., nr. 16 af Palle W. Nielsen, s. 124-126 i Museum Tusculanum 1976, nr. 28-29 af Helle Salskov Roberts og s. 276-277 i Møntsamlernyt 1976, 7. årg., nr. 8 af Anne Kromann.

823. HAUGSTED, IDA: Specialeresumé af Syditalien og Sicilien i perioden 550-450 f. c. stilgeografisk belyst. - Københavns Universitet. - s. 154-162. - i Extracta 1969, 2.

Bibliografi s. 161-162.

824. HAUSER, ARNOLD: Kunstens og litteraturens socialhistorie / red. Mihail Larsen ; oversat af Sonja Eld, de første 150 s. i bd. 1 under medvirken af Mihail Larsen. - Rhodos, 1979. - 2 bd. : ill. - (70.9, 81)

Bd. 1: Fra de forhistoriske tider til barokken. - 544 s.
Om antikken s. 80-153.
Bibliografi i noterne s. 522-525.

825. HØJLUND, FLEMMING og POUL PEDERSEN: På sporet af lelegerne. - s. 3-8 : ill. - i Sfinx 1979, 2. årg., nr. 1.

Om fund af lelegisk by og gravplads på Halikarnassoshalvøen.

826. JANSON, H. W.: Verdenskunstens historie : Maleri. Skulptur. Arkitektur / [i samarbejde med Dora Jane Janson ; dansk red. P. H. Traustedt] ; oversat af Annelise Schønnemann. - Politiken, 1977-78. - 3 bd. : ill. - (70.9)

Ægæisk kunst. Græsk kunst. Etruskisk kunst. Romersk kunst: s. 82-193. - i bd. 1. - cop., 1977. - 222 s.

827. JØRNÆS, BJARNE: Stilarternes kavalkade / farvepl. Otto Frello ; red. Jørgen Lundø. - Politiken, 1975. - 207 s. : ill. - (70.15)

Om antikken s. 110-127, fig. 27-107.
Bibliografi s. 201.
Omslagstitel: Stilarternes kavalkade i farver : fra oldtiden til vore dage.

828. Klassisk kunst : til studie og undervisningsbrug. - Gyldendal, 1945. - 3 bd. - (91.3)

Bd. 1: [HOFFMEYER], ADA BRUHN og LEO HJORTSØ: Hellas. - 7. udg., 6. opl. - 1979. - 134, XXIII tav., [19] s.
Bd. 2: HJORTSØ, LEO og VAGN POULSEN: Rom. - 4. opl. - 1977. - 115, XXVIII tav., [26] s.
Bd. 3: [HOFFMEYER], ADA BRUHN, LEO HJORTSØ og VAGN POULSEN: Tekst og billeder. - 4. opl. - 1977. - 121 s. : ill.

829. KRAGELUND, A.: Græske kunstværker i tekst og billeder. - 7. udg., 2. opl. - Aschehoug, 1970. - 82 s. : ill. - (91.3)

1. udg. 1932.

830. LANGE, JULIUS: Til sammenligning mellem antik og moderne figurstil (1879). - s. 7-10. - i Charles Wentick: Mennesket i kunsten fra forhistorisk tid til i dag. - Lademann, 1972. - 160 s. : ill. - (70.99)

Optryk af Filologisk-Historisk Samfunds mindeskrift. 1879. s. 21-33.

831. L'ORANGE, H. P.: Fra antik til middelalder : senantik strukturforvandling. - s. 3-28 : ill. - i bd. 2 af Vor kulturarv / redaktionskomité: Per Krarup, Haakon Holmboe og Krister Gierow. - Forlaget for Faglitteratur, cop. 1963. - 583 s., 6 tav. : ill. - (90.1)

Tiden 3.- 5. årh. e. kr.

832. MACAULAY, DAVID: De byggede en by / oversat af Orla Brønderslev. - Gyldendal, 1977. - 109 s. : ill. - (91.37)

Originaltitel: City - a Story of Roman Planning and Construction (amerikansk).
Om byplanlægning i Romerriget.

833. Malerkunstens historie / red. af H. L. C. Jaffé ; oversat af Elise Norsbo. - Lademann, 1975. - 418 s. : ill. - (74.1)

Om antikken s. 19-21, 46-80 / oversat af Leo Hjortsø.

834. MUNRO, ELEANOR C., RAYMOND RUDORFF og NORBERT LYNTON: Verdenskunstens fra fortid til nutid / dansk udg. ved Lars Rostrup Bøjesen. - [Ny udg.]. - Lademann, cop. 1971. - 240 s. : ill. - (70.9)

1. udg. 1965.
Grækenland. Etruskisk og romersk kunst: s. 28-45.

835. RIIS, P. J.: Arkæologi og klassisk kunst. - Berlingske, cop. 1972. - 156 s., 1 tav. : ill. - (Berlingske Leksikon Bibliotek; 59). - (90.72)

Introduktion til den klassiske arkæologis historie og metoder.
Bibliografi s. 155-156.
Anm. s. 87-89 i Museum Tusculanum 1973, nr. 20 af Ida Haugsted og s. 206 i Historisk Tidsskrift 1975, 13. rk., bd. II af N. M. Saxtorph.

836. RÜBNER JØRGENSEN, KAARE: Græsk oldtidskunst : en introduktion . - Kaare Rübner Jørgensen, 1978. - 88 bl. : ill. - (91.33)

837. STRONG, DONALD: Antikkens kunst / oversat af Leo Hjortsø. - Lademann, 1968. - 184 s. : ill. - (Milepæle i Verdenskunsten) . - (91.3)

Originaltitel: The classical world.
Bibliografi s. 180.

838. TARELLA, ANNA: Kort og godt om romersk kunst / [idé og udformning: Harry C. Lindinger ; tegninger af Mariarosa Conti ; oversat af Christy Grandjean]. - Samleren, cop. 1979. - 64 s. : ill. - (91.37)

Originaltitel: Come riconoscere l'arte Romana.
Rygtitel: Romersk kunst.

839. WENTICK, CHARLES: Mennesket i kunsten fra forhistorisk tid til i dag / oversat af Jan Garff. - Lademann, cop. 1972. - 160 s. : ill. - (70.99)

Om antikken s. 18-21, 24-26, 73-86, 96-105.

840. ZAHLE, JAN: Om pompejansk vægmaleri. - s. 19-25 : ill. - i
Enotria 1973, 6. årg., nr. 1.

841. ZAHLE, JAN: Specialeresumé af Billedtyper i Lykiens Kunst
ca. 600-300 f. Kr. - Københavns Universitet. - 89 s. -
s. 240-245. - i Extracta 1972, 4.

Bibliografi s. 240-241.

Arkitektur.
842. BARKER, MERETE: Colosseum. - s. 8-13 : ill. - i Stille dage
i Rom : studierejse april 1978. - Kunstpædagogisk Skole,
[1978]. - 57 s. : ill. - (71.775)

843. BROCHMANN, ODD: Rom indenfor murene / ill. af forfatteren. -
Carit Andersen, cop. 1970. - 163 s. : ill. - (71.775, 97.57)

Roms udvikling skildret gennem tidsbilleder.

844. DE FINE LICHT, KJELD: anm. af H. P. L'Orange i samarbejde
med Thomas Thiis-Evensen: Oldtidens Bygningsverden. - Oslo:
Dreyer, 1979. - 302 s. : ill. - s. 317-318. - i Arkitekten
1979, årg. 81, nr. 14.

845. DENMAN, HENRIK: Det romerske teater i Provence. - s. 1191-
1196. - i Den danske Realskole 1972, 74. årg., nr. 22.

Teatrene i Arles og Orange.

846. FRIIS-JENSEN, KARSTEN: De tidlige triumfbuer i Italien og
Provence. - s. 82-96 : ill. - i Museum Tusculanum 1976, nr.
28-29.

Bibliografi s. 96.

847. GJØDESEN, MOGENS: En splint af Titi Bue. - s. 67-68, 1 tav. :
ill. - i Meddelelser fra Ny Carlsberg Glyptotek 1975, 32. årg.

848. GUNDER-HANSEN, EDWIN: Bad med kultur. - s. 24, 33 : ill. - i
Ingeniøren 1979, 5. årg., nr. 7.

Om de romerske thermer.

849. HAUGSTED, IDA: Hippodamos fra Milet : antikke græske bypla-
ner fra det 5. årh. f. kr. - Kunstakademisk Arkitektskole,
1978. - 95 s. : ill. - (91.33)

Bibliografi s. 91-95.

850. HJORT ANDREASEN, ALFRED: Grækernes bolig. - Øresund, 1978. -
3 bd. : ill. - (71.777)

Bd. 1: Ægæernes huse. - 28 s. - (Studiehefte; 1)
Om antikken s. 1-19.
Bibliografi s. 28.
Bd. 2: Hellenernes huse. - 22 s. - (Studiehefte; 2)
Om antikken s. 1-8.
Bibliografi s. 22.
Bd. 3: Huse i Athen. - 47 s. - (Studiehefte; 3)
Om antikken s. 1-32.
Bibliografi s. 46-47.

851. JOHANSEN, FLEMMING: Under taget svaler kvidre : svaler fra
den græske oldtid. - Visoprint, cop. 1977. - 27 s. : ill. -
(91.33)

852. KIDSON, PETER: Verdensarkitekturen : fra Ægyptens pyramider
til operahuset i Sydney / hovedred. John Julius Norwich ;
[oversat af B. Happe Jacobsen ; fagligt rev. af Lasse Freis-
leben]. - Lademann, cop. 1977. - 288 s. : ill. - (71.1)

Ægæisk arkitektur. Grækenland. Rom: s. 52-76.

853. MØRCH, ARNE: Specialeresumé af De minoiske paladser. - København Universitet. - s. 2-4. - i Museum Tusculanum 1968, 1. årg., hft. 4.

Bibliografi s. 4.

854. PEVSNER, NIKOLAUS: Europas arkitekturhistorie : en oversigt / oversat af Lennart Olsson. - Politiken, [1973]. - 496 s. : ill. - (71.1)

Om antikken s. 18-30.
Bibliografi s. 463.

855. PRINDAL-NIELSEN, KJELD: Pantheon-kuplen - det ældste eksempel på letbeton. - s. 684-687 : ill. - i Vor viden 1972, nr. 11, hft. 475.

856. Rom og Syditalien : kursus 1.0006 : arkitekturhistoriske studier i Rom og Syditalien 1975 / Hans Munk Hansens hold ; red. Jørgen Hegner Christiansen. - Kunstakademiets Arkitektskole : Afd. for Arkitekturens Historie, [1975]. - 63 s. : ill. - (71.775, 91.37)

Om antikken s. 2-27.

857. SKYDSGAARD, JENS ERIK: anm. af J. A. Bundgaard: Parthenon and the Mycenean City on the Heights. - Nationalmuseet, 1976 . - 194 s. : 11 pl. - (Archaeological Historical Series / Publications of the National Museum; vol. XVII). - s. 204-206. - i Historisk Tidsskrift 1979, bd. 79, 13. rk., bd. VI.

858. TØNSBERG, JEPPE: Offentlige biblioteker i Romerriget i det 2. århundrede e. Chr. - Danmarks Biblioteksskole, 1976. - 151 s. : ill. - (Danmarks Biblioteksskoles skrifter; 10). - (02.2)

Bibliografi s. 141-149.
Resumé på engelsk s. 132-135.

859. TØNSBERG, JEPPE: Offentlige biblioteker i Romerriget i det
2. århundrede e. Kr. - s. 111-114. - i Museum Tusculanum 1976,
nr. 28-29.

Specialeresumé.

Skulptur.
860. ALBRECTSEN, SVEND: Tetrarcherne. - s. 31-34 : ill. - i Enotria
1973, 6. årg., nr. 4.

861. BAZIN, GERMAIN: Græsk og romersk skulptur. - s. 19-36, 127-
192. - i Skulpturens historie / oversat af Karin Mathiasen ;
faglig rev. af Jan Garff. - Lademann, 1974. - 458 s. : ill. -
(73.1)

862. CHRISTIANSEN, JETTE: Gudinder, skøger, hustruer eller slaver?
. - s. 131-156 : ill. - i Meddelelser fra Ny Carlsberg Glyp-
totek 1977, 34. årg.

Resumé på fransk s. 152.

863. FISCHER-HANSEN, TOBIAS: To siculiske arulae. - s. 61-88 : ill
. - i Meddelelser fra Ny Carlsberg Glyptotek 1973, 30. årg.

Om terracottaaltre.
Resumé på fransk s. 84-85.

864. GJØDESEN, MOGENS: Fyrst Sciarras Bronze. - s. 11-76 : ill. -
i Meddelelser fra Ny Carlsberg Glyptotek 1970, 27. årg.

Fortolkning af en bronzestatue af en ung mand.
Resumé på fransk s. 72-73.

865. GJØDESEN, MOGENS: Soldat eller filosof? et romersk kejserportræt fra ca. 200. - s. 7-56 : ill. - i Meddelelser fra Ny Carlsberg Glyptotek 1972, 29. årg.

Om Septimius Severus.
Resumé på fransk s. 52-53.

866. HANNESTAD, NIELS: Tetrarkerne i Venezia. - s. 128 : ill. - i Sfinx 1977-1978, 1. årg., nr. 4.

867. HJORT, ØYSTEIN: Noget af en kejser : et fragment af en kolossal porfyrstatue i Glyptoteket. - s. 57-82 : ill. - i Meddelelser fra Ny Carlsberg Glyptotek 1972, 29. årg.

Resumé på fransk s. 77-79.

868. HONORÉ HANSEN, PIA: Skulpturer. - s. 3-7 : ill. - i Stille dage i Rom : studierejse april 1978. - Kunstpædagogisk Skole, [1978]. - 57 s. : ill. - (71.775)

869. HAARLØV, BRITT: Endnu et portræt af kejser Valerianus?. - s. 59-65 : ill. - i Meddelelser fra Ny Carlsberg Glyptotek 1971, 28. årg.

Resumé på engelsk s. 65.

870. JOHANSEN, FLEMMING: Antike portrætter af Gnaeus Pompeius Magnus. - s. 89-119 : ill. - i Meddelelser fra Ny Carlsberg Glyptotek 1973, 30. årg.

Resumé på fransk s. 115.

871. JOHANSEN, FLEMMING: Antike portrætter af Kleopatra VII og Marcus Antonius. - s. 55-81 : ill. - i Meddelelser fra Ny Carlsberg Glyptotek 1978, 35. årg.

Resumé på fransk s. 77-78.

872. JOHANSEN, FLEMMING: Antike portrætter af Marcus Tullius Cicero . - s. 120-138 : ill. - i Meddelelser fra Ny Carlsberg Glyptotek 1972, 29. årg.

Resumé på fransk s. 134-135.

873. JOHANSEN, FLEMMING: Etruskiske bronzerelieffer i Glyptoteket . - s. 67-89 : ill. - i Meddelelser fra Ny Carlsberg Glyptotek 1979, 36. årg.

Resumé på fransk 88-89.

874. JOHANSEN, FLEMMING: Portrætter af Marcus Vipsanius Agrippa i marmor og bronze. - s. 126-157 : ill. - i Meddelelser fra Ny Carlsberg Glyptotek 1970, 27. årg.

Resumé på fransk s. 151.

875. JOHANSEN, FLEMMING: Rayethovedet og Endoios. - s. 103-130 : ill. - i Meddelelser fra Ny Carlsberg Glyptotek 1977, 34. årg.

Resumé på fransk s. 127-128.

876. JOHANSEN, FLEMMING: Det romerske barneportræt. - s. 125-132, 178-182 : ill. - i Børn i antiken : temahefte & katalog / red. af Jette Christiansen, Mette Moltesen og Anne Marie Nielsen. - Ny Carlsberg Glyptotek, 1979. - 238 s. : ill.

En udstilling arrangeret af Ny Carlsberg Glyptotek i samarbejde med Kentaur.
Bibliografi s. 132.

877. JOHANSEN, FLEMMING: Et senantikt kejserportræt i København. -
s. 97-107 : ill. - i Meddelelser fra Ny Carlsberg Glyptotek
1974, 31. årg.

Om Constantius II.
Resumé på fransk s. 106.

878. JOHANSEN, FLEMMING: Den skaldede Cæsar. - s. 1-14 : ill. -
i Meddelelser fra Ny Carlsberg Glyptotek 1968, 25. årg.

879. KJELDSEN, KJELD: Opmåling og proportionsstudie af et porfyr-
fragment. - s. 83-92 : ill. - i Meddelelser fra Ny Carlsberg
Glyptotek 1972, 29. årg.

Resumé på fransk s. 91-92.

880. MOLTESEN, METTE: Fra Fyrst Borgheses samlinger. - s. 79-102
: ill. - i Meddelelser fra Ny Carlsberg Glyptotek 1977, 34.
årg.

Resumé på italiensk s. 100.

881. MOLTESEN, METTE: Nemesis fra Rhamnous. - s. 79-96 : ill. - i
Meddelelser fra Ny Carlsberg Glyptotek 1974, 31. årg.

Resumé på fransk s. 93.

882. MOLTESEN, METTE: En restaureringshistorie. - s. 51-66 : ill. -
i Meddelelser fra Ny Carlsberg Glyptotek 1979, 36. årg.

Resumé på engelsk s. 63-64.
Om Sciarra-amazonen.

883. MORENO, PAOLO: En alexandrinsk bronzestatuette i Glyptoteket
og Lysippos' Herakles i Tarent / oversat af Bodil Bundgaard
Rasmussen. - s. 82-91 : ill. - i Meddelelser fra Ny Carlsberg
Glyptotek 1978, 35. årg.

885. Omkring en ny disputats / anm. af Helle Salskov Roberts ; op-
positioner ex auditorio: Kristian Jeppesen, Jan Zahle, Niels
Hannestad og Øystein Hjort ; udtalelse af Britt Haarløv. -
s. 144-167. - i Museum Tusculanum 1979, nr. 34-35.

Disputatsen: Britt Haarløv: The Half-Open Door : a Common
Symbolic Motif within Roman Sepulcral Sculpture. - Odense,
1977.

886. POULSEN, VAGN: En lilleasiatisk tyr. - s. 55-65 : ill. - i
Meddelelser fra Ny Carlsberg Glyptotek 1968, 25. årg.

887. POULSEN, VAGN: Nogle senromerske kejserportrætter. - s. 66-
94 : ill. - i Meddelelser fra Ny Carlsberg Glyptotek 1968,
25. årg.

888. SECHER, OLE: Asclepios i Danmark. - s. 116-123 : ill. - i
Medicinsk Forum 1975,28. årg., nr. 4.

Bibliografi s. 123.
Om en torso i privateje.

Vaser og anden kunstindustri.
889. BOSERUP, IVAN: Illustationer til Thebaiden. - s. 30-32. - i Museum Tusculanum 1968, 2. årg., hft. 8.

Anm. af Kristian Jeppesen: ΕΤΕΟΚΛΕΟΥΣ ΣΥΜΒΑΣΙΣ : nochmals zur Deutung des Niobidenkraters, Louvre G. 341. - 1968.

890. BROE, THYGE C.: Lakonsk (spartansk) kylix. - s. 173 : ill. - i Nationalmuseets Arbejdsmark 1979.

891. CHRISTIANSEN, JETTE: Attiske pionerer omkring 700 f. kr. - s. 19-41 : ill. - i Meddelelser fra Ny Carlsberg Glyptotek 1979, 36. årg.

Om vaser fra den orientaliserende stils tid.
Resumé på fransk s. 39-40.

892. CHRISTIANSEN, JETTE: Gaver til gudinden. - s. 97-106 : ill. - i Meddelelser fra Ny Carlsberg Glyptotek 1978, 35. årg.

Om elfenbensfigurer.
Resumé på fransk s. 104-105.

893. CHRISTIANSEN, JETTE: En geometrisk krater fra Syditalien. - s. 51-58 : ill. - i Meddelelser fra Ny Carlsberg Glyptotek 1971, 28. årg.

Resumé på fransk s. 57.

894. CHRISTIANSEN, JETTE: Italo-geometrisk keramik i Glyptoteket . - s. 37-60 : ill. - i Meddelelser fra Ny Carlsberg Glyptotek 1973, 30. årg.

Resumé på fransk s. 56-57.

895. CHRISTIANSE, JETTE: Et skår fra Mykonos. - s. 7-21 : ill. -
i Meddelelser fra Ny Carlsberg Glyptotek 1974, 31. årg.

Skår fra pithos (forrådskar).
Resumé på fransk s. 19-20.

896. DABROWSKI, K. og J. KOLENDO: Luksusimport / oversat af Bodil
Wieth-Knudsen. - s. 24-26 : ill. - i Skalk 1974, nr. 3.

Om romerske sværd fundet i Polen.

897. FISCHER-HANSEN, TOBIAS: Terrakottakunst fra Sicilien. - s.
22-58 : ill. - i Meddelelser fra Ny Carlsberg Glyptotek 1974,
31. årg.

Resumé på fransk s. 52-53.

898. FRIIS JOHANSEN, K[NUD]: Triptolemos og Theseus. - s. 15-46 :
ill. - i Meddelelser fra Ny Carlsberg Glyptotek 1969, 26. årg.

Resumé på tysk s. 41-43.

899. HALLAGER, ERIK: Europas tidligste sfinx. - s. 46-47 : ill. -
i Sfinx 1977-1978, 1. årg., nr. 2.

900. HANNESTAD, LISE: Græske vaser. - s. 51-54 : ill. - i Humaniora
3, 1976-78. Beretning fra Statens Humanistiske Forskningsråd.

Undersøgelse af den upublicerede del af Castellani-samlingen
i Villa Giuliamuseet i Rom.

901. JOHANSEN, FLEMMING: "Der er uglen". - s. 99-118 : ill. - i
Meddelelser fra Ny Carlsberg Glyptotek 1975, 32. årg.

Resumé på fransk s. 116.

902. JOHANSEN, FLEMMING: En etruskisk olla i Glyptoteket. - s. 66-80 : ill. - i Meddelelser fra Ny Carlsberg Glyptotek 1971, 28. årg.

Resumé på fransk s. 79.

903. JOHANSEN, FLEMMING: En klassisk græsk bronzehank. - s. 54-64 : ill. - i Meddelelser fra Ny Carlsberg Glyptotek 1969, 26. årg.

Resumé på fransk s. 64.

904. JOHANSEN, FLEMMING: En østgræsk parfumeflaske fra 6. årh. f. kr. - s. 85-108 : ill. - i Meddelelser fra Ny Carlsberg Glyptotek 1976, 33. årg.

Resumé på fransk s. 105.

905. JOHANSEN, ØYSTEIN: Mykenske sværd. - s. 123-125 : ill. - i
Sfinx 1979, 2. årg., nr. 3.

906. MOGENSEN, ELSE: Attisk vasemaleri. - s. 13-18 : ill. - i
Hrymfaxe 1979, 9. årg., nr. 2.

907. MOLTESEN, METTE og LONE WRIEDT SØRENSEN: I gudindens hellige lund. - s. 42-50 : ill. - i Meddelelser fra Ny Carlsberg Glyptotek 1979, 36. årg.

Om terrakottastatuetter.
Resumé på engelsk s. 49.

908. POULSEN, VAGN: En attisk drikkeskaal. - s. 15-26 : ill. - i
     Meddelelser fra Ny Carlsberg Glyptotek 1968, 25. årg.

909. THOMASEN, ANNE-LIESE: Hoby-fundet i medicinskhistorisk belysning. - s. 174-185 : ill. - i Medicinsk Forum 1976, årg. 29.

     Bibliografi s. 185.

Numismatik.
910. CHRISTIANSEN, ERIK: På jagt efter tre millioner mønter. -
     s. 55-58 : ill. - i Humaniora 1976-78, 3. Beretning fra Statens Humanistiske Forskningsråd.

     Den romerske udmøntning i Alexandria 30 f. kr. - 296 e. kr.
     Beskrivelse af forskningsprojekt.

911. FROM, PREBEN og SVEND HOVARD: Romerske mønter. - s. 136-172
     : ill. - i Møntårbogen 1977.

912. HART, GERALD D.: Sygdomsdiagnoser på grundlag af antikke mønter : lægelige konklusioner efter studiet af mønter fra Parthien, Syracus og Ægypten. - s. 248-251 : ill. - i Møntsamlernyt 1974, 5. årg., nr. 8.

913. HØEG ALBRETHSEN, P.: Ara Pacis Augustae : kejser Augustus'
     fredsalter som motiv på den romerske kejsers mønter (1). -
     s. 213-220 : ill. - i Nordisk numismatisk unions medlemsblad
     1970, nr. 10.

     Se også 918.

914. HØEG ALBRETHSEN, P.: Mønter og naturkatastrofer i romersk kejsertid. - s. 113-124 : ill. - i Nordisk numismatisk unions medlemsblad 1972, nr. 6.

Oversigt over naturkatastrofer i oldtiden fra 500 f. kr. til 200 e. kr. s. 123-124.

915. HØEG ALBRETHSEN, P.: Møntfund i Pompeji. - s. 202-204 og s. 234-236 : ill. - i Møntsamlernyt 1977, 8. årg., nr. 7 og 8.

Specielt i forbindelse med Quintus Poppaeus Sabinas hus.

916. HØEG ALBRETHSEN, P.: Møntkunst og lægekunst i oldtidens Rom. - s. 45-52 : ill. - i Nordisk numismatisk unions medlemsblad 1976, nr. 3.

917. HØEG ALBRETHSEN, P.: Et numismatisk vidnesbyrd om en naturkatastrofe i oldtiden. - s. 1-5 : ill. - i Nordisk numismatisk unions medlemsblad 1972, nr. 1.

918. HØEG ALBRETHSEN, P.: Providentia og Ara Pacis : kejser Augustus fredsalter som motiv paa den romerske kejsertids mønter (2). - s. 73-79 : ill. - i Nordisk numismatisk unions medlemsblad 1971, nr. 4.

Se også 913.

919. HØEG ALBRETHSEN, P.: Subærati : romerske sølvmønter med kobberindlæg. - s. 89-99 : ill. - i Nordisk numismatisk unions medlemsblad 1974, nr. 4.

920. KROMANN, ANNE: anm. af David R. Sear: Greek Coins and their Values : vol. I Europa. - London: Seaby Publications, 1978. - 317 s. : ill. - s. 115. - i Nordisk numismatisk unions medlemsblad 1979, nr. 6.

921. KROMANN, ANNE: anm. af H. A. Seaby: Roman Silver Coins, I. Republic to Augustus. - 3. rev. udg. - London: Seaby, 1978. - 166 s. : ill. - s. 32. - i Nordisk numismatisk unions medlemsblad 1979, nr. 2.

922. KROMANN, ANNE: Dio Cassius og numismatikken. - s. 65-69 : ill . - i Nordisk numismatisk unions medlemsblad 1978, nr. 4.

923. KROMANN, ANNE: Kolosseum. - s. 33-41 : ill. - i Nordisk numismatisk unions medlemsblad 1973, nr. 2.

924. KROMANN, ANNE: Myten om Actium : politisk propaganda på mønter. - s. 5-14 : ill. - i Nationalmuseets Arbejdsmark 1971.

925. KROMANN, ANNE: Mænd og mønter i Spaniens oldtid. - s. 139-149 : ill. - i Nationalmuseets Arbejdsmark 1979.

926. KROMANN, ANNE: Romerske mønter. - s. X-XIV : ill. - i Den kgl. Mønt- og Medaillesamling. - XXXI s. : ill.

Tillæg til Møntsamlernyt 1975, 6. årg., nr. 1.

927. KROMANN, ANNE: Den sidste adoptivkejsers ætlinge - Marcus Aurelius' børn. - s. 86-93 : ill. - i Nordisk numismatisk unions medlemsblad 1979, nr. 5.

928. MØRKHOLM, OTTO: En Alexander-mønt fra Pergamon. - s. 38-40 : ill. - i Nordisk numismatisk unions medlemsblad 1979, nr. 3.

929. MØRKHOLM, OTTO: anm. af Hans Roland Baldus: Uranius Antonius : Münzprägung und Geschichte. - Bonn: Habelt, 1971. - XIII, 324 s. : ill. - s. 667-668. - i Historisk Tidsskrift 1973, 12. rk., bd. VI, hft. 3-4.

930. MØRKHOLM, OTTO: anm. af Maria R.-Alföldi: Antike Numismatik I-II. - Mainz: Philipp v. Zabern, 1978. - XLV, XXIX, 323 s. : 20 pl. - s. 93-94. - i Nordisk numismatisk unions medlemsblad 1979, nr. 5.

931. MØRKHOLM, OTTO: anm. af Patrick Marchetti: Histoire économique et monétaire de la deuxième guerre punique. - Bruxelles: Académie royale de Belgique, 1978. - 547 s. : XXV pl. - (Mémoires de la classe des beaux-arts; T. XIV). - s. 115-116. - i Nordisk numismatisk unions medlemsblad 1979, nr. 6.

932. MØRKHOLM, OTTO: anm. af Sylloge Nummorum Graecorum, The collection of The American Numismatic Society : Part 4, Sicily II : Galaria-Styella. - New York: 1977. - s. 31. - i Nordisk numismatisk unions medlemsblad 1979, nr. 2.

933. MØRKHOLM, OTTO: Athen og Alexander den Store : fra bystat til guddommeligt kongedømme. - s. 89-95 : ill. - i Nationalmuseets Arbejdsmark 1974.

934. MØRKHOLM, OTTO: Gave til Den kgl. Mønt- og Medaillesamling. - s. 12 : ill. - i Nyt fra Nationalmuseet 1978, nr. 3.

Tetradrachme af sølv, udmøntet af kong Mithridates 3.

935. MØRKHOLM, OTTO: En græker fra Afghanistan. - s. 204-205. - i Nationalmuseets Arbejdsmark 1975.

936. [MØRKHOLM, OTTO]: Græske mønter. - s. 185 : ill. - i Nationalmuseets Arbejdsmark 1968.

937. [MØRKHOLM, OTTO]: Græske mønter. - s. 202-203 : ill. - i Nationalmuseets Arbejdsmark 1970.

938. MØRKHOLM, OTTO: En hellenistisk møntskat fra Bahrain. - s. 183-202 : ill. - i Kuml 1972.

Engelsk oversættelse s. 195-202.

939. MØRKHOLM, OTTO: Et par nyerhvervede seleukidemønter i København. - s. 181-183 : ill. - i Nordisk numismatisk unions medlemsblad 1971, nr. 8.

940. MØRKHOLM, OTTO: En romersk usurpator. - s. 202 : ill. - i Nationalmuseets Arbejdsmark 1971.

Om en tetradrachme fra Emesa.

941. MØRKHOLM, OTTO: Seleukidemønter fra Antiochia. - s. 205 : ill . - i Nationalmuseets Arbejdsmark 1972.

942. MØRKHOLM, OTTO: Statskapitalisme i oldtiden : de første Ptolemæerkonger og Ægypten. - s. 96-102 : ill. - i Nationalmuseets Arbejdsmark 1978.

943. MØRKHOLM, OTTO: Storkongens småmønt. - s. 196-197 : ill. - i Nationalmuseets Arbejdsmark 1971.

Om Alexander den Store.

944. MØRKHOLM, OTTO: Tre Apollon-fremstillinger fra Lilleasien. - s. 182-183 : ill. - i Nationalmuseets Arbejdsmark 1976.

945. MØRKHOLM, OTTO: Udvalgte græske mønter. - s. VII-IX : ill. - i Den kgl. Mønt- og Medaillesamling. - XXXI s. : ill.

Tillæg til Møntsamlernyt 1975, 6. årg., nr. 1.

946. MØRKHOLM, OTTO: De ældste græske mønter. - s. 109-116 : ill. -
i Nationalmuseets Arbejdsmark 1972.

947. [RØNNE, NIELS BØRGE]: Tidlige romerske mønter - et spændende
samlerområde. - s. 170-174 : ill. - i Møntsamlernyt 1977, 8.
årg., nr. 6.

Indeholder en del litteraturhenvisninger.

Danske museer.
Udstillinger m.v.
948. Antik kunst i dansk privateje : et udvalg af oldtidskunst fra
Middelhavsområdet og de tilgrænsende lande / red. af Jette
Christiansen, Tobias Fischer-Hansen og Flemming Johansen. -
Ny Carlsberg Glyptotek, 1974. - 72 s., 46 tav. - (91.3, 91.2)

Grækenland. Etrurien og Romerriget: s. 25-68.
Udstilling i Ny Carlsberg Glyptotek 16. maj - 31. august 1974.

949. FRANCESCHI, GERARD: Et hundrede fire og tyve fotografier
/ tekst af Flemming Johansen. - Glyptoteket, 1969. - 124, 15
s. : ill. - (70.8)

Kunstværker på Ny Carlsberg Glyptotek.

950. Grækenlands guder : efter vasebilleder i Antiksamlingen =
The gods of Greece : from vasepaintings in the National Museum
. - [Nationalmuseets Forlagsafdeling, 1969]. - 1 foldet tav.
& bilag. - (Nationalmuseets billedark). - (91.33, 29.2)

Bilag: Grækenlands guder : tekst til Nationalmuseets billed-
ark / ved Jan Zahle. - [5] s.

951. Katalog / tekster af Mogens Jørgensen ... [et al.]. - s. 197-
235. - i Børn i antiken : temahefte & katalog / red. af Jette
Christiansen, Mette Moltesen og Anne Marie Nielsen. - Ny Carls-
berg Glyptotek, 1979. - 238 s. : ill.

En udstilling arrangeret af Ny Carlsberg Glyptotek i samar-
bejde med Kentaur.

952. ØSTERGAARD, JAN STUBBE: Katalog over Pompeii år 79 : 16. sep-
tember 1977 - 1. januar 1978. - s. 29-43 : ill. - i Louisiana
Revy 1977, 18. årg., nr. 1.

Katalognummer 1 og 246 er skrevet af Anne Kromann.

Enkelte museers kataloger.
Nationalmuseet.
953. [Nationalmuseets Antiksamling]: Grækenland, Italien og Romer-
riget. - Nationalmuseet, 1968. - 108 s. : ill. - (National-
museets vejledninger). - (06)

Anm. s. 31-32 i Museum Tusculanum 1969, 2. årg., hft. 10 af
Peter Allan Hansen.

Ny Carlsberg Glyptotek.
954. NY CARLSBERG GLYPTOTEK: Den etruskiske samling. - Glyptoteket,
1966. - XIV, 79 s. - (70.8, 91.35)

Forord ved Vagn Poulsen.

955. POULSEN, VAGN: Vejledning gennem samlingerne. - 16. rev. udg.
/ ved Flemming Johansen. - Ny Carlsberg Glyptotek, 1976. -
111 s. : ill. - (70.86)

Græsk og romersk kunst. Etruskisk kunst: s. 19-75.

Thorvaldsens Museum.
956. ROBERTS, HELLE SALSKOV: Antiksamlingen. - s. 236-256, 4 tav. - i Thorvaldsens Museum : katalog. - Thorvaldsens Museum, 1975 . - 295 s., 64 tav. - (70.86)

RELIGION OG MYTOLOGI.

957. ASMUSSEN, JES PETER: Mithraskulten. - s. 261-267 : ill. - i
bd. 3 af Illustreret Religionshistorie / red. af Jes Peter
Asmussen og Jørgen Læssøe. - Gad, 1968. - 407 s. : ill. - (29)

Bibliografi s. 267.

958. BAY, SV. AAGE: Det underjordiske Rom : hedensk og kristen tro
i kejsertidens Rom. - 2. opl. - Odense Universitetsforlag,
1973. - 325 s. : ill. - (91.47, 91.37)

1. udg. 1972.
Bibliografi s. 311-318.
Anm. s. 41 i Enotria 1973, 6. årg., nr. 1 af Niels Felskov,
s. 217-218 i Præsteforeningens Blad 1973, 63. årg., nr. 14
af Niels Thomsen og s. 452 i Tidens Skole 1973, 75. årg., nr.
9 af Jørn Jørgensen.

959. BECHMANN, HELGE: Kirken i oldtiden. - s. 11-40 : ill. - i
Kirkehistoriske konfrontationer : religionskundskab for HF
og gymnasiet / red. Villy Christensen, Henning Fogde og Kristian Jensen. - 3. udg. - Nyt Nordisk, 1975. - 156 s. : ill. -
(27)

1. udg. 1970.

960. BORUP, GEORG: Fra oldtidens Hellas I : Pelopidernes historie
. - s. 666-676 : ill., 1 kort. - i Vor viden 1968-69, hft. 439.

961. BORUP, GEORG: Vor kulturarv I : Guder fødes og dør. - s. 362-
371 : ill. - i Vor viden 1971-72, hft. 458.

962. BULTMANN, RUDOLF: Urkristendommen på baggrund af de antikke religioner. - 2. opl. - Munksgaard, 1970. - 217 s. - (Munksgaardserien; 3). - (22.59)

   1. udg. 1963.
   Den hellenistiske jødedom. Den græske arv. Hellenismen: s. 80-144.
   Bibliografi s. 199-201.

963. DAHL, KATRIN: Thesmophoria : en græsk kvindefest. - Museum Tusculanum, 1976. - 147 s. - (Opuscula Graecolatina; 6)(Museum Tusculanum. Tillæg). - (29.2)

   Bibliografi s. 87-94.
   Resumé på engelsk s. 95-101.
   Tillæg: de vigtigste kilder i original og dansk oversættelse s. 103-145.

964. Dualismen : en tekstsamling / ved Finn Jensen, John Vasa Jensen, Bjarne Larsen. - Forum, 1974. - 93 s. - (16.8)

   Om hellenismen s. 11-31.
   Tekster af Platon, Paulus og Plotin samt af "De hermetiske skrifter".
   Anm. s. 1080 i Gymnasieskolen 1975, 58. årg., nr. 20 af Asger Poulsen.

965. EBBESEN, STEN: Betragtninger over en delfisk fest. - s. 9-17 . - i Museum Tusculanum 1968, 1. årg., hft. 7.

   Bibliografi s. 17.
   Religionshistoriens methode : et svar på "Betragtninger over en delfisk fest". - s. 21-22, 45 i Museum Tusculanum 1968, 2. årg., hft. 9 af Jens Vanggaard.

966. GABE, FREDERIK: Mysterieindvielse i fortid og nutid. - Rhodos, 1974. - 131 s. : ill. - (Rhodos Radius). - (29.1)

967. GELSTED, OTTO: Guder og helte : græsk mytologi. - 2. udg., 3. opl. - Thaning & Appel, 1978. - 228 s. : ill. - (29.2)

 1. udg. 1956.
 Ill. af Axel Salto.

968. GIVERSEN, SØREN: Gnosticismen og mysteriereligionerne. - s. 223-260 : ill. - i bd. 3 af Illustreret Religionshistorie / red. af Jes Peter Asmussen og Jørgen Læssøe. - Gad, 1968. - 407 s. : ill. - (29)

 Bibliografi s. 260.

969. Græske og romerske religioner / [ved Vilh. Grønbech, Ellen Larsen og Carl Immanuel Scharling]. - s. 135-186. - i Religionshistoriske tekster i dansk oversættelse / samlet og udg. ved Sven Fenger. - 7. udg., uændret optryk. - Akademisk, 1977 . - 285 s. - (29)

 1. udg. 1919.
 Bibliografi s. 136.
 *Tillæg / ved E. Haarh og J. Prytz Johansen. - [nyt opl.]. - Københavns Universitets Fond til Tilvejebringelse af Læremidler, 1976. - 50, 5 s.
 1. udg. 1971.
 Hellenisme og synkretisme s. 22-27.

970. Den græske tanke. - s. 157-167 : ill. - i Liv og død - en tekstmosaik fra religioners og ideers verden / ved Finn Stefánsson og Asger Sørensen. - Gyldendal, 1977. - 274 s. : ill . - (Tekster til livsanskuelser / religion). - (16.8)

 Bibliografi s. 258-259.
 Hymnen til Demeter samt tekster af Erland Ehnmark, Platon, Plotin og Seneca.

971. HERTIG,HENRIK: Antikkens mytologi : en håndbog. - 8. opl. -
Haase & Søn, 1979. - 134 s. : ill., 1 kort. - (29.2)

1. udg. 1958.
Bibliografi s. [135].

972. HJORTSØ, LEO: Græsk mytologi. - 9. opl. - Gyldendal, 1978. -
150 s. : ill. - (29.2)

1. udg. 1958.
Bibliografi s. 140.

973. HJORTSØ, LEO: Græske guder og helte / billedred. Mogens Rud
. - 3. opl. - Politiken, 1978. - 376 s. : ill. - (29.2)

1.udg. 1971.
Bibliografi s. 369-370.
Anm. s. 112 i Gymnasieskolen 1972, 55. årg., nr. 2 af Rolf
Hesse.

974. HOLM, SØREN:Findes "den religiøse undtagelse" i græciteten?
. - s. 143-150. - i Kierkegaardiana VIII, 1971. - 228 s. : ill.

Om Orestessagnet.

975. HOLM, SØREN: Religionerne : kortfattet religionshistorie med
tekster. - 6. udg. - Hirschsprung, 1966. - 136 s. - (29)

1. udg. 1935.
Græsk religion. Hellenistiske religioner: s. 91-118.

976. HORSTBØLL, HENRIK og PETER WEIGELT: Myte og civilisation :
skitse til Prometheus- og Heraklesmyternes ideologiske place-
ring i det græske samfunds reproduktion i overgangen fra agrar-
kultur til bykultur. - [Teoltryk], [1978]. - 86, [20 upag.] s.
: ill. - (29.2)

Udarbejdet i foråret 1974 under Hans Hyllesteds tværfagsseminar "Levi-Strauss' socialantropologi og Myteanalyser".
Bibliografi s. [87-88].

977. HVIDTFELDT, ARILD: Demeter-hymnen som religionshistorisk kilde. - Gad, 1970. - 61 s. - (Studier fra Sprog- og Oldtidsforskning / udg. af Det filologisk-historiske Samfund; nr. 275) . - (29.2, 81.11)

Anm. s. 1400 i Gymnasieskolen 1970, 53. årg., nr. 23 af Ole Balslev.

978. HVIDTFELDT, ARILD: Religioner og kulturer : nogle hovedtræk af den almindelige religionshistorie. - 6. opl. - Munksgård, 1977. - 234 s. : ill. - (Scandinavian University Books). - (29)

1. udg. 1961.
Om hellenismen s. 173-182.

979. ISAGER, JACOB: Religionsforfølgelse i Rom : bacchanalieaffæren i 186 f. kr. - Klassikerforeningen, [1974]. - 51 s. - (Klassikerforeningens Kildehæfter)

Bibliografi s. 51.
Tekst og kommentarer.

980. ISAGER, JACOB: Bacchanalieaffæren. - s. 6-8. - i Klassikerforeningens Meddelelser 1974, nr. 27.

I anledning af 979.

981. JENSEN, POVL JOHS.: Græsk religion. - s. 121-192 : ill. - i bd. 3 af Illustreret religionshistorie / red. af Jes Peter Asmussen og Jørgen Læssøe. - Gad, 1968. - 3 bd. - (29)

Bibliografi s. 191-192.

982. JENSEN, POVL JOHS.: Romersk religion. - s. 193-222 : ill. - i bd. 3 af Illustreret religionshistorie / red. af Jes Peter Asmussen og Jørgen Læssøe. - Gad, 1968. - 3 bd. - (29)

Bibliografi s. 222.

983. JOHANSEN, ØYSTEIN: Himmelbjerget - i Grækenland og Mesopotamien. - s. 23-26 : ill. - i Sfinx 1979, 2. årg., nr. 1.

984. LUND, JOHN: Børn i kult : børn i græsk kult. - s. 85-90, 159, 166-167 : ill. - i Børn i antikken : temahefte & katalog / red. af Jette Christiansen, Mette Moltesen og Anne Marie Nielsen. - Ny Carlsberg Glyptotek, 1979. - 238 s. : ill.

En udstilling arrangeret af Ny Carlsberg Glyptotek i samarbejde med Kentaur.
Bibliografi s. 95.

985. LUND, JOHN: Græske gude- og heltebørn. - s. 104-109, 173-175 : ill. - i Børn i antiken : temahefte & katalog / red. af Jette Christiansen, Mette Moltesen og Anne Marie Nielsen. - Ny Carlsberg Glyptotek, 1979. - 238 s. : ill.

En udstilling arrangeret af Ny Carlsberg Glyptotek i samarbejde med Kentaur.
Bibliografi s. 109.

986. MADSEN, ELLEN A.: Templum. - s. 3-5. - i Rostra 1978, nr. 7.

Om helligsteder.

987. MEISNER, POVL: Anthesteriefestens dødekultiske baggrund. - s. 3-22 : ill. - i Museum Tusculanum 1972, nr. 19.

988. NORD, INGER: Specialeresumé af Haruspices. - Københavns
Universitet. - s. 106-110. - i Museum Tusculanum 1976,
nr. 28-29.

Bibliografi s. 110.

989. *PULLICH, FRITZ: Hellenismen. - s. 128-135. - i Et strejftog
gennem religionernes verden. - 2. opl. - Gad, 1958. - 164 s. -
(29)

1. udg. 1957.

990. PULLICH, FRITZ: Religionshistorie. - 4. rev. udg. - Branner
og Korch, 1970. - 168 s. - (29)

1. udg. 1935.
Grækenland. Rom. Synkretismen: s. 70-107.
Bibliografi s. 163-164.

991. REICH, EBBE KLØVEDAL: Drømmepigen over dem alle. - s. 17-19
: ill. - i Samvirke 1977, 50. årg., nr. 4.

Om Afrodite.

992. REICH, EBBE KLØVEDAL: Skønheden og imperiet. - s. 15-18 : ill
. - i Samvirke 1977, 50. årg., nr. 5.

Om Afrodite.

993. SALOMONSEN, BØRGE: Senjødisk vurdering af hellenismen. - s.
209-215. - i Præsteforeningens Blad 1973, 63. årg., nr. 14.

Bibliografi s. 214-215.

994. SCHURÉ, ÉDOUARD: De store indviede : et indblik i religionernes hemmelige historie / oversat af Johannes Hohlenberg. - [ny udg.]. - Strube, 1973. - 358 s. - (29.1)

1. udg. 1948.
Orfeus. Pythagoras. Platon: s. 153-285.
Udsendt i samarbejde med Psykisk Forums Bogklub.

995. THULSTRUP, MARIE MIKULOVÁ: Begrebet mystik. - Rosenkilde og Bagger, 1974. - 143 s. - (29.1)

Skuen og erkendelse (Platon). Den kristne mystik og platonismen. Erkendelse udenfor fornuften (gnosticismen): s. 22-39.
Bibliografi s. 139-142.

996. WRIEDT SØRENSEN, LONE: Børn i kult : "tempeldrenge" ; børneofringer hos fønikerne. - s. 91-95, 168 : ill. - i Børn i antiken : temahefte & katalog / red. af Jette Christiansen, Mette Moltesen og Anne Marie Nielsen. - Ny Carlsberg Glyptotek, 1979. - 238 s. : ill.

En udstilling arrangeret af Ny Carlsberg Glyptotek i samarbejde med Kentaur.
Bibliografi s. 95.

FILOSOFI.

997. AHLBERG, ALF: Filosofiens historie. - Ny udg. - Gyldendal,
1969. - 6 bd. - (Gyldendals Uglebøger). - (10.9)

1. udg. 1946.
Bd. 1: Den græske filosofi fra Thales til Sokrates / oversat
af Herluf Froberg. - [Ny udg.], 2. opl. - 1969. - 112 s.

998. ANDREASEN, VICTOR: Sokrates : den vise mand fra Athen. - s.
6-7 : ill. - i Samvirke 1977, 50. årg., nr. 1.

999. Antikkens styreformer til debat / ved Erik Christiansen. -
2. opl. - Gyldendal, 1978. - 106 s. - (Historiske Kilder). -
(32.1)

1. udg. 1974.
Bibliografi s. 101, 103.
Anm. s. 391 og s. 1197-1198 i Gymnasieskolen 1975, 58. årg.,
nr. 8 og nr. 22 af Ivan Jensen. (identiske).

1000. BOJESEN, LARS BO: Samvittigheden som samviden : samvittigheds-
begrebets tilblivelse i den græske og romerske antik. - s. 11-
37. - i Lars Bo Bojesen og Jan Lindhardt: Samvittigheden. -
Berlingske, 1979. - 209 s. - (Berlingske Leksikon-bibliotek;
128. Psykologi). - (15)

1001. CHRISTENSEN, JOHNNY: Den stoiske Kategorilære. - s. 99-102. -
i Ajatus : suomen filosofisen yhdistyksen vuosikirja 1967,
XXIX.

1002. CHRISTENSEN, TORBEN: Bemærkninger til forholdet mellem den
senantikke filosofiske tradition og den kristne tænkning ca.
150-250. - s. 13-21. - i Platonselskabet. Nordisk Selskab for
Antikkens Idetradition : Transformationen af antikke ideer,
princip- og metodespørgsmål : foredrag og resumeer. - Institut for Klassisk Filologi [ved] Københavns Universitet, 1978
. - 99 s. - (81)

Symposium i Helsingfors 25.-27. august 1977.

1003. CHRISTIANSEN, ERIK: Politisk teoridannelse i antikken. - Berlingske, [1974]. - 415 s., 4 tav. - (Berlingske Leksikonbibliotek; [79]). - (32.1, 91.4)

Bibliografi s. 390-404.
Anm. s. 824 i Gymnasieskolen 1974, 57. årg., nr. 15 af Ivan
Jensen og s. 266 i Historisk Tidsskrift 1977, 13. rk., bd.
IV af Signe Isager.

1004. CORTESE, ALESSANDRO: Antropomorfisme. - s. 271-318. - i Kierkegaardiana 1974, IX.

Om antikken især s. 273-279.

1005. FAVRHOLDT, DAVID: Den filosofiske tænknings betydning for
europæisk kultur. - s. 68-89. - i Filosofi og samfund. - 5.
opl. - Gyldendal, 1968. - 147 s. - (10)

1. udg. 1968.

1006. FRANKLIN, CHARLES: Sokrates. - s. 15-26. - i Bøddelen venter
ikke : historiens berømte retssager / oversat af Hugo Truelsen. - Lademann, 1968. - 378 s. : ill. - (99.1)

1007. FRISCHAUER, PAUL: Guden i os : græske og romerske filosoffer : kristendommens vejberedere. - s. 173-203 : ill. - i bd. 1 af Det står skrevet : banebrydende kildeskrifter / oversat af Alex Garff. - Lademann, [1974]. - 2 bd. - (90.4)

Bibliografi i bd. 2 s. 203.

1008. HANSEN, KNUD: Om at have mod til at leve. - s. 333-352. - i Dansk Udsyn 1969, 49. årg.

Om den stoiske opfattelse af modet s. 336-345.

1009. HARTNACK, JUSTUS: Filosofiens historie. - Gyldendal, 1969. - 237 s. - (10.9)

Om Heraklit, Parmenides, Demokrit, Platon og Aristoteles s. 9-43.
Bibliografi s. 228.
Anm. s. 642 i Gymnasieskolen 1969, 52. årg., nr. 11 af Georg Bendix.

1010. HARTNACK, JUSTUS: Filosofiske problemer og filosofiske argumentationer. - 7. udg. - Gyldendal, 1971. - 339 s. - (10.9)

1. udg. 1956.
Om antikken s. 13-69.

1011. Ideernes historie : psykologi, filosofi, religion / dansk red. Aage Marcus ; engelsk red. Gerald Barry ... [et al.]. - Gyldendal, 1966. - 356 s. : ill. - (Verden omkring os). -(90.1)

Om antikken s. 30-37, 102-123, 224-241.

1012. JACOBSEN, KLAUS H.: Pythagoræerne. - bl. 2-21. - i Symposion februar 1969.

Bibliografi bl. 21.

1013. JENSEN, POVL JOHS.: Sokrates. - Gad, 1969. - 96 s. - (Gads
 Biografiserie). - (99.4 Sokrates)

 Bibliografi s. 95-96.

1014. JOHANSEN, FLEMMING: "Vi skylder Asklepios en hane ...". - s.
 9-10 : ill. - i Sfinx 1979, 2. årg., nr. 1.

 Om Sokrates.

1015. KRISTIANSEN, ERLING: Thales fra Milet. - s. 28-29, 57. - i
 Vor viden 1972, nr. 1, hft. 465.

1016. LUND, ERIK, MOGENS PIHL og JOHANNES SLØK: Den græsk-romerske
 verden. - s. 29-127 : ill. - i De europæiske ideers historie
 . - 14. opl. - Gyldendal, 1979. - 395 s. : ill. - (90.1)

 1. udg. 1962.

1017. MEJER, JØRGEN: Filosofferne før Sokrates. - Munksgaard, cop.
 1971. - 255 s. - (Munksgaardserien, 41). - (10.911)

 Bibliografi s. 236-238.
 Om Thales, Anaximander, Anaximenes, Heraklit, Pythagoras, Par-
 menides, Zenon, Melissos, Empedokles, Anaxagoras og Demokrit.
 Anm. s. 51-56 i Museum Tusculanum 1971, nr. 18 af Ivan Bose-
 rup og Karsten Friis-Jensen og s. 300 i Gymnasieskolen 1972,
 55. årg., nr. 5 af Rolf Hesse.

1018.   PINBORG, JAN: Indlæg om en anmeldelse. - s. 63-67. - i
 Museum Tusculanum 1972, nr. 19.

1019.   Til Jan Pinborgs indlæg ønsker anmelderne kort at tilføje
 : ... . - s. 67-68. - i Museum Tusculanum 1972, nr. 19.

1020. MÜLLER, WOLF-GERHARD: Bidrag til forståelsen af den sokratiske etik. - s. 44-47. - i Museum Tusculanum 1971, nr. 17.

1021. NÆSS, ARNE: Filosofiens historie : en indføring i filosofiske problemer / oversat af Ane Munk-Madsen. - 2. gennemsete opl. - Vinten, 1967. - 3 bd. - (Stjernebøgernes Kulturbibliotek). - (10.9)

1. udg. 1963.
Originaltitel: Filosofiens historie (norsk).
Bd. 1: Oldtid. - 313 s.
Om antikken s. 49-313.
Noter hertil i bd. 3 s. 170-190.

1022. OLSEN, JENS HENRIK: Historiens fortolkere : grundrids af europæisk historietænknings udvikling. - Gad, 1979. - 183 s. - (Gads Filosofiserie). - (90.7)

Den statiske cyklus i græsk tænkning. Romerriget i opgang og forfald: s. 14-28.
Bibliografi s. 179.
Anm. s. 974 i Gymnasieskolen 1979, 62. årg., nr. 23 af Harry Haue.

1023. Religionskritik : ateisme i teori og praksis : udvalgte tekster til debat / ved Erik Elten. - Gyldendal, 1978. - 114 s. - (16, 26.1)

Uddrag af Benjamin Farrington: Græsk naturvidenskab og Platon : Lovene, 10. bog: s. 29-35.

1024. SIMONSEN, ANDREAS: Sokrates : hans livsholdning og forkyndelse / [udg. af] Klassikerforeningen. - 2. udg. - Gyldendal, 1976 . - 179 s. - (99.4 Sokrates, 10.911)

1. udg. 1961.
Bibliografi s. 178-180.

1025. De store tænkere / under red. af Justus Hartnack & Johannes
Sløk. - Berlingske, 1964-1971. - 20 bd. - (Berlingske Filoso-
fi Bibliotek). - (10.8)

Bd. 9: Stoikerne / med indledning, oversættelse og noter af
Johannes Sløk. - 1966. - 198 s.

1026. STYBE, SVEND ERIK: Idehistorie : vor kulturs ideer og tanker
i historisk perspektiv. - 4. udg., 2. opl. - Munksgaard, 1978
. - 411 s. : ill. - (90.1)

1. udg. 1961.
Antikken. Hellenismen: s. 11-83.

1027. THIELST, PETER: Den kønspolitiske tænkning : en undersøgelse
af mandssamfundets kønsideologi fra naturfolkene og oldtidens
filosoffer til Simone de Beauvoir. - Gyldendal, 1978. - 194
s. - (30.17)

Den græske tradition s. 52-68.
Bibliografi s. 191-194.

1028. THOMSEN, HENRIK: Hvem tænkte hvad : filosofiens hvem-hvad-
hvor / [tilrettelæggelse og billedred. Poul Henning Traustedt]
. - 4. udg. / red. af Evan Bogan. - Politiken, 1971. - 432
s. : ill. - (10.9)

1. udg. 1961.
Oldtiden. Overgangstid: s. 9-55.

1029. THOMSEN, OLE: Nogle bemærkninger om stoicismen m. v. - s.
31-45. - i Vox Populi 1977, 6. årg., nr. 6-7-8.

Bemærkning til Senecaøvelser holdt ved Århus Universitet ef-
teråret 1977.

1030. THULSTRUP, MARIE MIKULOVÅ: Kierkegaard, Platons skuen og
kristendommen. - Munksgaard, 1970. - 46 s. - (Søren Kierkegaard Selskabets Populære Skrifter; XV). - (12, 99.4 Platon,
99.4 Kierkegaard, Søren)

Anm. s. 105-106 i Gymnasieskolen 1971, 54. årg., nr. 2 af
Erland G. Jensen.

1031. WALDECK, PETER H.: Tanker og tænkere der ændrede vor verden
/ oversat af Jan Eisenhardt. - Lademann, cop. 1978. - 128 s.
: ill. - (90.1)

Grækernes nysgerrighed grundlagde nutidens videnskab. Sofisterne og Sokrates. Platon og Aristoteles. Lov og orden i Rom.
Kristendommen og den hedenske filosofi: s. 44-53.

1032. WITT-HANSEN, JOHS.: Kompendium til forelæsninger over den antikke filosofis historie. - 2. udg., 3. opl. - Munksgaard,
1970. - 264 s. - (10.911)

1. udg. 1964.
Bibliografi s. 262-264.

VIDENSKAB OG TEKNOLOGI.

1033. ANDERSEN, AXEL: Oldtiden. - s. 11-36 : ill. - i Naturvidenskabens Grundlæggere / billedred. Finn Slente. - Ejlers, 1969 . - 144 s. : ill. - (50.9)

Biografier af naturvidenskabsmænd.

1034. BERGAMINI, DAVID: De gamle grækeres skabende tænkning. - s. 38-49 : ill. - i Matematik : talvidenskaben der ændrede vor civilisation / oversat af Knud Estrup. - Lademann, 1967. - 188 s. : ill. - (51)

1035. DAHLERUP KOCH, CHRISTIAN: Berømte naturvidenskabsmænd / red. og billedudvalg Knud Sandvej. - Politiken, 1970-71. - 2 bd. : ill. - (50.7)

Bd. 1: 1970. - 432 s.
Om antikken s. 11-58.

1036. HEEGAARD, POUL: Stjerneverdenen : verdensbilledet gennem tiderne : populær fremstilling. - Gad, 1921. - 423 s., 22 tav. : ill. - (52)

Om antikken s. 50-53, 56-100.

1037. HØYRUP, ELSE og JENS: Græsk og hellenistisk kultur. - s. 31-40. - i Matematikken i samfundet : elementer af en analyse : historie / undervisning / ideologi. - Nordisk, 1973. - 184 s. - (Gyldendals samfundsbibliotek). - (51.07)

Bibliografi s. 158-159.

1038. KRAGH, HELGE: Den antikke astronomi. - s. 15-18 : ill. - i
Fysik i idéhistorisk belysning / tilrettelæggelse Uffe Juul
Jensen, Helge Kragh, Hans Rørbech. - Danmarks Radio, 1978. -
64 s. : ill. - (53.07)

1039. MORSING, TORKIL: Om teknikere og spåmænd. - s. 18-19 : ill. -
i Ingeniøren 1977, 3. årg., nr. 53.

Om etruskerne.

1040. PEDERSEN, OLAF: Matematik og naturbeskrivelse i oldtiden. -
Akademisk, 1975. - 176 s. : ill. - (50.7, 51.07)

Om antikken s. 70-158.
Bibliografi s. 174-176.

1041. PRINDAL-NIELSEN, KJELD: Hypokaustum : de gamle romeres geniale
varmeanlæg. - s. 465-472 : ill. - i Vor viden 1973, nr. 9-10,
hft. 483.

1042. RANTZAU, PAUL: Alle tiders tal : regnekunstens hvem-hvad-hvor
/ red. af Evan Bogan. - Politiken, 1972. - 503 s. : ill. -
(51.07)

Om antikken især s. 50-76, 318-325.

1043. RAVN, H. H.: Romerveje. - s. 176-178 : ill. - i Dansk Vej-
tidsskrift 1975, 52. årg., nr. 10.

1044. SCHELDE-MØLLER, E.: Videnskabens hvornår skete det. - Politi-
ken, 1972. - 352 s. : ill. - (50.7)

Om antikken s. 7-18.

Medicin.
1045. GOTFREDSEN, EDV.: Medicinens historie. - 3. udg. - Nyt Nordisk, 1973. - 713 s. : ill. - (61.07)

> 1. udg. 1950.
> Grækenland. Rom: s. 48-94.
> Bibliografi s. 622-627.

1046. GOTFREDSEN, EDV. og E. SNORRASON: Medicinens historie. - 3. nybearb. udg. - Nyt Nordisk, 1969. - 192 s. : ill. - (61.09)

> 1. udg. 1958.
> Om antikken s. 22-32.
> Lærebog for sygeplejeelever.

1047.*HEIBERG, J. L.: Sindssygdom i den classiske Oldtid. - Janssenpharma, 1977. - 75 s. - (Medicinsk-historiske Smaaskrifter; 3). - (61.642)

> Fotografisk genoptryk af originaludgaven København: Tryde, 1913.

1048. NIELSEN, HARALD: Oldtidens øjenmedicin : en farmacihistorisk undersøgelse af de i den romerske oldtid anvendte kollyrier og kollyriestempler samt af de i kollyrierne hyppigst forekommende indholdsstoffer. - Eget forlag, 1973. - 109 s. : ill . - (61.67)

> Udvidet særtryk af Archiv for Pharmaci og Chemi nr. 25, s. 883-900, nr. 26, s. 911-939 og nr. 26 s. 951-975.
> Bibliografi s. 105-[110].
> Anm. s. 375 i Farmaceutisk Tidende 1973, 83. årg., nr. 21 af Erik Th. Jacobsen og s. 534 i Tandlægebladet 1973, 77. årg., nr. 5 af J. J. Pindborg.

1049. THOMSEN, MOGENS: Behandling af forbrændinger i ældre tid. -
s. 101-113 : ill. - i Medicinsk Forum 1973, årg. 26, nr. 4.

Om antikken s. 102-104.
Bibliografi s. 113.

1050. TROLLE, STEFFEN: Asklepios og Hippokrates : lægegud og læge
i oldtidens Grækenland. - s. 27-36 : ill. - i Det farlige
liv : sygdom, samfund og lægekunst / [red. Gustav Henningsen
og George Nellemann]. - Nationalmuseet, cop. 1978. - 170 s.
: ill. - (61.09)

Bibliografi s. 168.

PERSONREGISTER.

Acunto-de Lorenzo, Elio   45o, 678
Adler, Karsten   178
Ahlberg, Alf   997
Aischines   lo5
Aischylos   71, 93, 99, 101, 104, 106, 108
Albrectsen, Svend   860
Albrethsen, P. Høeg se Høeg Albrethsen, P.
Alenius, Marianne   234, 316, 324
Alföldi, Maria R.   930
Alkifron   69
Allendorf, Marlis   6o4
Almar, Knud   317, 415, 431
Alster, Bendt   199
Ammundsen, Steffen   816
Anakreon   93
Andersen, Anne Marie   455
Andersen, Axel   1033
Andersen, Elga   759
Andersen, Ellen   554
Andersen, Ernst   531
Andersen, Flemming Gorm   573
Andersen, Gunnar   303-304
Andersen, Lars Jørgen   445
Andersen, Lene   200-203, 230
Andersen, Øivind   214
Anderson, Perry   498
Andreasen, Alfred Hjort se Hjort Andreasen, Alfred
Andreasen, Victor   288, 998
Ankerfeldt, Carl   792-797
Anthonisen, Poul   430
Antifon   111
Apicius   113
Appel, Elin   534
Apulejus   116
Aristofanes   71, 93, 99, 122-125
Aristoteles   67, 70, 73, 78, 92, 99, 129, 133
Ashley, Clara W.   625

Asimov, Isaac   574
Asmussen, Jes Peter   957, 968, 981-982
Astin, Alan Edgar   651
Auerbach, Erich   110, 220, 269

Bach-Nielsen, Erik   505, 578, 722
Badian, Ernst   654
Baldus, Hans Roland   929
Balslev, Ole   1, 3, 77, 123, 170, 213, 223-224, 442, 637, 977
Barfoed, Mogens   515
Barfoed, Teje   515
Barker, Merete   842
Barnett, Lincoln   513
Barry, Gerald   1011
Bartlett, Jonathan   497
Bassermann, Lujo   535
Bassing, E.   768
Bathe, Basil W.   512
Bay, Sv. Aage   679, 958
Bay, Aase   647, 680
Bazin, Germain   861
Bechmann, Helge   959
Behrendt, Poul   331
Bek, Kim Høegh   135
Bender, Johan   95
Bender Jørgensen, Lise   681
Bendix, Georg   682, 1009
Bendix, Hans   724
Bendz, Gerhard   476, 488
Bengtsson, Fulvia   778
Berciu, D.   632
Berg, C.   402-403
Berg, Martin   477
Bergamini, David   1034
Bergier, Jacques   587
Bering Liisberg, Henrik se Liisberg, Henrik Bering
Bernsen, Niels Ole   309
Berve, Helmut   586
Bibby, Geoffrey   576

Billeskov Jansen, F. J.   194, 476, 488
Bjernum, Jørgen   303, 335, 665
Bjørklund, Oddvar   499, 506
Bjørn Larsen, Per   289
Blatt, Franz   152, 421
Boen Hansen, Ellen   440
Bogan, Evan   1028, 1042
Bohn, Axel O.   536
Boisen, Mogens   728
Boisen Schmidt, J. se Schmidt, J. Boisen
Bojesen, Christian Bo   626
Bojesen, Lars Bo   1000
Bolt-Jørgensen, Henrik   257, 640
Bonde Jensen, Jørgen   325
Borup, Georg   478, 762, 771, 960-961
Borup Jensen, E.   78
Boserup, Ivan   112, 118-119, 175, 187, 354, 386, 469, 889, 1017, 1019
Boserup, Karin   221-222, 359
Boserup, Mogens   67
Boudet, Jacques   537
Bramsen, Stig   519, 523
Breitenstein, Thorkild   120-121, 376
Brimberg, Marie-Louise   805
Brix, Birgitte   631
Broby Johansen, R.   538-539, 817
Brochmann, Odd   818, 843
Brockdorff, Henrik   666
Brodersen, Chr. N.   91, 106
Broe, Thyge C.   890
Brosse, Jacques   515
Bruhn Hoffmeyer, Ada se Hoffmeyer, Ada Bruhn
Brusendorff, Ove   540
Bruun, Niels W.   205, 251, 335-337, 703
Bryder, Mogens   549
Bryld, Clara Elisabet   541
Bræmme, Ernst   456
Brønderslev, Orla   832
Brøndsted, Peter Oluf   186, 404, 406, 457

Brøndum, Niels   144, 276, 667
Buchreitz, Georg   530
Buhl, Marie-Louise   757
Bultmann, Rudolf   962
Bundgaard, J. A.   575, 819
Bundgaard Rasmussen, Bodil   605, 883
Buttenschøn, Dorte   441
Bülow, Kurt   606
Bülow-Jacobsen, Adam   389, 542
Bæk Thomsen, K.   99
Bøyesen, Lars Rostrup se Rostrup Bøyesen, Lars
Baaring, Maggi   253

Carrieri, Mario   807
Cato   36, 62
Catul   11-12, 93, 97-98, 141
Chenery, Janet   500
Christensen, Aksel E.   356
Christensen, Arild   582
Christensen, Arne Søby se Søby Christensen, Arne
Christensen, Dan Chr.   683
Christensen, Erling   416
Christensen, Georg   92
Christensen, Inger   184
Christensen, Johnny   1001
Christensen, Karen Nyrop se Nyrop Christensen, Karen
Christensen, Merete N.   245
Christensen, Steen   100, 298-299
Christensen, Torben   627, 715-717, 1002
Christensen, Villy   959
Christiansen, Erik   140, 153, 168, 543, 628-629, 646, 910, 999, 1003
Christiansen, Ib   520
Christiansen, Jette   605, 613, 615, 617-618, 622-623, 689, 713, 862, 876, 891-895, 948, 951, 984-985, 996
Christiansen, Jørgen Hegner se Hegner Christiansen, Jørgen
Christiansen, Svend   458, 463
Christophersen, Hans   395, 432, 435, 446, 449-450, 489, 630, 738, 778

Cicero   13-27, 48-51, 73, 80, 88-90, 99, 104, 147-148, 150, 152
Clausen, Claus P. E.   146
Clausen, Henrik Jønck- se Jønck-Clausen, Henrik
Conolly, Peter   631
Conrad, Flemming   68
Conti, Flavio   820
Conti, Mariarosa   820, 838
Coote, James   607
Cortese, Alessandro   1004
Cottrell, Leonard   500, 763
Cæsar   28-31, 80, 87, 157-158, 163-167

Dabrowski, K.   896
Dahl, Birthe   748
Dahl, Katrin   963
Dahl, Svend   390
Dahl, Thorkel   748
Dahl Jeppesen, M.   433, 438
Dahlerup Koch, Christian   518, 1035
Dalgård, Birgit   525
Dalsgaard Larsen, Bent   417
Damkilde, Anker   116
Damsgaard-Madsen, Aksel   577-578, 594-595, 739
Damsholt, Torben   206, 244, 490-491, 498, 632-634, 635, 643
Davis, Elisabeth Gould   544
De Fine Licht, Kjeld   773, 844
De Lorenzo, Elio Acunto- se Acunto-de Lorenzo, Elio
Dehn-Nielsen, Henning   553, 562, 566, 695
Demokrit   79
Demosthenes   173
Denman, Henrik   845
Der Heyden, A. Van se Heyden, A. Van Der
Dietz, Søren   741-743, 757, 788-789
Dorey, Thomas Alan   490-491
Dorph, N. V.   101
Drachmann, A. B.   332-333
Dreslov, Aksel   813
Dudley, Donald R.   344, 490-491

Due, Bodil   371
Due, Inger   250
Due, Otto Steen   105-106, 228, 252, 256, 258-259, 264, 308, 684
Durant, William   290, 501

Ebbesen, Sten   265, 360, 459, 965
Ehnmark, Erland   970
Eider, Preben   790
Eikeboom, R.   418
Eisenhardt, Jan   1031
Ekner, Anne   320
Elbek, Jørgen   285
Eld, Sonja   824
Elkjær, Kjeld   1
Elkrog, Birthe   600
Elmquist, Carl Johan   798
Elten, Erik   1023
Engberg, Karin Margareta se Fredborg, Karin Margareta
Engberg, Troels se Engberg-Petersen, Troels
Engberg-Petersen, Troels   136, 234, 34o
Engel Jensen, Ivar   130
Ennius   97
Epiktet   70, 93
Erbe, Berit   460
Ericsson, Poul   685
Eriksen, August Wiemann se Wiemann Eriksen, August
Erkell, Harry   439
Eskildsen, H. C.   502
Espenhain, Lene   302
Estrup, Knud   1034
Euripides   93, 99, 101, 180-182, 184-186
Evensen, Thomas Thiis se Thiis-Evensen, Thomas

Fabricius-Møller, J.   555
Fafner, Jørgen   461
Falkenstjerne, F.   196
Farrington, Benjamin   1023
Faustinus   386
Favrholdt, David   1005

Felskov, Niels   453, 766, 782, 785, 958
Fenger, Ole   668
Fenger, Sven   969
Fenger, Thomas Uhre   686
Ferlov, Niels   68
Filostratus   69
Fine Licht, Kjeld De se De Fine Licht, Kjeld
Finsen, Hanne   68
Finsen, Helge   748
Fischer-Hansen, Andreas   808
Fischer-Hansen, Tobias   752, 863, 897, 948
Fogde, Henning   959
Fonsmark, Henning   464
Foss, Otto   123-124, 278, 286, 328-329, 358, 396, 434, 479
Fox Maule, Erik se Maule, Erik Fox
Franceschi, Gerard   949
Frandsen, Preben   502
Franklin, Charles   1006
Frantzen, Ole L.   687
Fredborg, Karin Margareta   361, 466, 688
Frederiksen, Aage   447-448
Freisleben, Lasse   852
Frello, Otto   827
Fried, Albert   497
Friedrich, Carl J.   137, 291
Friis-Jensen, Karsten   188, 206, 248, 366, 846, 1017, 1019
Friis Johansen, Holger   122, 182-183, 260, 391
Friis Johansen, Karsten   171, 283, 292-293
Friis Johansen, Knud   545, 898
Frisch, Hartvig   284, 503
Frischauer, Paul   669, 1007
Fritz, Kurt Von   486
Froberg, Herluf   997
From, Preben   911
Frost Larsen, Dianne   689
Frølund Flemming   417, 440
Fædrus   45, 66

Gabe, Frederik   966
Gabel-Jørgensen, U.   516
Gabrielsen, Sven   530
Gad, Finn   501, 643, 647
Gade, H. E.   546
Garff, Alex   104, 108, 180, 182, 185, 207, 330, 669, 1007
Garff, Jan   68, 839, 861
Gauthier, Philippe   373
Geisler, Hans   725
Gellius   36, 62
Gelsted, Otto   126, 212, 219, 967
Gelzer, Mathias   156
Germaine Staël-Holstein, Anne Louise se Staël-Holstein, Anne
   Louise Germaine
Gertz, M. Cl.   196, 315
Gierow, Kristen   831
Gilkær, Hans Torben   608
Giversen, Søren   968
Gjostein Resi, Heid se Resi, Heid Gjostein
Gjødesen, Mogens   847, 864-865
Gjørup, Ivar   275, 492
Goldschmidt, Hanne   77, 245
Goldschmidt, M. J.   413
Gombrich, E. H.   821
Gotfredsen, Edv.   1045-1046
Gottschalk Rasmussen, Steffen   341
Goukowsky, Paul   580, 591
Gould Davis, Elisabeth se Davis, Elisabeth Gould
Grandjean, Christy   820, 838
Grane, Leif   718
Grarup, Olaf   416
Grattan, Hartley   526
Green-Pedersen, Niels Jørgen   151, 176, 307
Grierson, Philip   547
Grimberg, Carl   506
Grue-Sørensen, K.   548
Grønbech, Bo   158, 273, 726-727
Grønbech, Vilhelm   579, 969

Gudmundsen, Inger   555
Gunder-Hansen, Edwin   786, 848
Gøssel, Gerd   604

Hafting, Christian   77
Hahn, Margrethe   787
Hallager, Erik   576, 584, 609, 619, 760, 761, 765, 899
Halstrøm, Karen Margrethe   239
Hands, Arthur Robinson   571
Hannestad, Lise   246, 690-691, 900
Hannestad, Niels   692, 822, 866, 885
Hansen, Andreas Fischer- se Fischer-Hansen, Andreas
Hansen, Edwin Gunder- se Gunder-Hansen, Edwin
Hansen, Ellen Boen se Boen Hansen, Ellen
Hansen, Erling   528
Hansen, Gudrun Herman   590
Hansen, Gunnar   77, 412, 435
Hansen, Hagmund   811
Hansen, Hans Munk se Munk Hansen, Hans
Hansen, Hans-Christian   714
Hansen, Henny Harald   549
Hansen, Johannes Witt- se Witt-Hansen, Johannes
Hansen, Jørgen   670
Hansen, Knud   319, 323, 1008
Hansen, Laust Riemann se Riemann Hansen, Laust
Hansen, Leo   550
Hansen, Michael Skovgaard- se Skovgaard-Hansen, Michael
Hansen, Mogens Herman   111, 138, 172-174, 580, 590, 594-595, 596-600, 610
Hansen, Niels Kjeld   96
Hansen, Peter   243, 310
Hansen, Peter Allan   235-236, 376, 377-380, 953
Hansen, Pia Honoré se Honoré Hansen, Pia
Hansen, Robert L.   473
Hansen, Tobias Fischer- se Fischer-Hansen, Tobias
Happe Jacobsen, B.   852
Harder, Peter   429
Harsberg, Erling   129, 193, 772
Hart, Gerald D.   912

Hartnack, Justus   1009-1010, 1025
Hass, Jørgen   277
Hasselbalch, Preben   3
Hastrup, Thure   2, 72, 75, 102-104, 127, 150, 152, 182-183, 195,
　　　　　　　　197, 274, 280, 287, 412, 420-421, 436-437, 462,
　　　　　　　　482
Haue, Harry   1022
Haugsted, Ida   611, 788, 823, 835, 849
Hauschultz Madsen, Lene Marie   636
Hauser, Arnold   824
Haystrup, Helge   719
Hedegaard, E. O. A.   756
Hedenius, Ingemar   274
Heegaard, Poul   1036
Hegner Christiansen, Jørgen   856
Heliodor   193
Hemmingsen, Ole   551
Henningsen, Gustav   1050
Henningsen, Niels   493, 693
Henningsen, Poul   540
Henriques, Alf   104
Heraklit   79, 95
Herbenová, O.   554
Herløv-Müller, A. W.   159
Herodot   76, 95, 195-197
Hertig, Henrik   971
Hesiod   79, 93, 104, 202
Hesse, Jette   362, 541
Hesse, Rolf   100, 106, 158, 206, 251, 267, 296, 303, 335, 410-411,
　　　　　　　430, 439-440, 442, 450, 453, 782, 973, 1017
Heurgon, Jacques   728
Heyden, A. Van Der   799
Higgins, Reynold   764
Hillingsø, K. G. H.   516
Hind, Tage   487
Hindsberger, Mogens   321, 418-419
Hippokrates   205
Hjordt-Vetlesen, Ole   642
Hjort, Øystein   774, 867, 885

Hjort Andreasen, Alfred   850
Hjorth, Poul Lindegård   254
Hjortsø, Lars   784
Hjortsø, Leo   101, 108, 180, 185, 195, 197, 207-208, 217, 293,
          318, 330, 332-333, 481, 500-501, 513-514, 581, 612,
          637, 799, 815, 828, 833, 837, 972-973
Hobel, Finn   152, 240, 358, 405, 409, 418
Hoffman, Sylvan   526
Hoffmeyer, Ada Bruhn   828
Hoffmeyer, Johs.   504
Hohlenberg, Johannes   994
Holberg, Ludvig   194
Holbøl, Sonja   595
Holm, Søren   70, 582, 974-975
Holm-Larsen, Signe   778
Holmboe, Henrik   385
Holmboe, Haakon   499, 506, 831
Holstein, Anne Louise Germaine Staël se Staël-Holstein, Anne
          Louise Germaine
Holt, Jens   437
Homer   35, 78, 93, 95, 99, 104, 207-209, 211-212, 215, 217-219,
          228
Honoré Hansen, Pia   868
Horats   37-39, 68, 78, 91, 93, 97, 104, 232-233
Horstbøl, Henrik   976
Hougen, Gunilla Åkerström- se Åkerström-Hougen, Gunilla
Houmann, Børge   126
Hovard, Svend   911
Hude, Karl   374, 403, 407
Hultberg, Helge   110, 220, 269
Hundrup, Harald   74
Hurwood, Bernhardt J.   551
Hvetbo, Karsten   405
Hvidtfeldt, Arild   977-978
Hyllested, Povl   422
Hynding, Hans Chr.   157, 213, 223-224, 251, 405, 408, 441, 601
Hägg, Tomas   193
Høeg, Carsten   287
Høeg, L.   80

Høeg, Susanne   800
Høeg Albrethsen, P.   775, 913-919
Høegh Bek, Kim se Bek, Kim Høegh
Højlund, Flemming   754, 825
Højlund Knap, Henning se Knap, Henning Højlund
Høyrup, Else   1037
Høyrup, Jens   1037
Haarh, E.   969
Haarløv, Britt   751, 869, 885
Haarløv, Henrik   346
Haastrup, Lars   173, 671, 776, 782

Ilsøe, Peter   528-529
Isager, Jacob   306, 638, 801-802, 979-980
Isager, Signe   173, 372-373, 602, 613-614, 1003

Jacobsen, Adam Bülow- se Bülow-Jacobsen, Adam
Jacobsen, B. Happe se Happe Jacobsen, B.
Jacobsen, Erik Th.   1048
Jacobsen, Karen   803
Jacobsen, Klaus H.   1012
Jaffé, H. L. C.   833
Jansen, F. J. Billeskov se Billeskov Jansen, F. J.
Jansen, Henrik M.   643
Janson, Dora Jane   826
Janson, H. W.   826
Janssen, C. Luplau se Luplau Janssen, C.
Jellingsø, Ole   529
Jenkinson, Edna   490
Jensen, Brian Møller se Møller Jensen, Brian
Jensen, E. Borup se Borup Jensen, E.
Jensen, Erhard G.   717, 1030
Jensen, Erik V.   423, 447-448
Jensen, Finn   964
Jensen, Flemming   501
Jensen, HanneMarie Ragn se Ragn Jensen, HanneMarie
Jensen, Hans Otto   517
Jensen, Ivan   646, 665, 721, 999
Jensen, Ivar Engel se Engel Jensen, Ivar

Jensen, J. Th.   413
Jensen, Jens Juhl se Juhl Jensen, Jens
Jensen, Jens Peter   198, 397-401, 480
Jensen, John Vasa se Vasa Jensen, John
Jensen, Jørgen   583, 593
Jensen, Jørgen Bonde se Bonde Jensen, Jørgen
Jensen, Jørgen Steen   547, 553
Jensen, Karsten Friis- se Friis-Jensen, Karsten
Jensen, Kristian   694, 959
Jensen, Minna Skafte se Skafte Jensen, Minna
Jensen, Mogens Leisner- se Leisner-Jensen, Mogens
Jensen, Per Anker   498
Jensen, Povl Johs.   74, 501, 981-982, 1013
Jensen, Poul Klejnstrup- se Klejnstrup-Jensen, Poul
Jensen, Uffe Juul se Juul Jensen, Uffe
Jensen, Ulrik   497
Jeppesen, Kristian   755, 885, 889
Jeppesen, M. Dahl se Dahl Jeppesen, M.
Jepsen, Hans Lyngby se Lyngby Jepsen, Hans
Johansen, Flemming   744, 851, 870-878, 901-904, 948-949, 955, 1014
Johansen, Holger Friis se Friis Johansen, Holger
Johansen, J. Prytz se Prytz Johansen, J.
Johansen, Jørgen Dines   131
Johansen, Karsten Friis se Friis Johansen, Karsten
Johansen, Knud Friis se Friis Johansen, Knud
Johansen, R. Broby se Broby Johansen, R.
Johansen, Øystein   905, 983
Jonsen, Oluf   528-529
Jorsal, Finn   154, 160-162, 352
Juel, Axel   247, 392
Juhl Jensen, Jens   237, 266, 353-354, 368
Juncker, Beth   559
Juul Jensen, Uffe   1038
Juul Madsen, H.   546
Juvenal   93
Jønck-Clausen, Henrik   435
Jønsson, Niels   523
Jørgensen, Eiler   758
Jørgensen, Henrik Bolt- se Bolt-Jørgensen, Henrik

Jørgensen, Jørgen   290
Jørgensen, Jørn   244, 579, 715, 717, 958
Jørgensen, Karl Ejnar   471
Jørgensen, Krista   290
Jørgensen, Kaare Rübner se Rübner Jørgensen, Kaare
Jørgensen, Lise Bender se Bender Jørgensen, Lise
Jørgensen, Mogens   951
Jørgensen, Ove   127, 287, 482
Jørgensen, U. Gabel- se Gabel-Jørgensen, U.
Jørnæs, Bjarne   827

Kehler, Stephan   460, 518
Kentaur (gruppe)   740
Kidson, Peter   852
Kielland, Jacob   470
Kirkegaard, Lars   238
Kitto, H. D. F.   584
Kivikoski, Ella   545
Kjeldsen, Børge   145
Kjeldsen, Kjeld   879
Kjerulff, Bente   441
Kjædegaard, Lars   299
Kjær, L. Ove   414
Klaf, Franklin S.   551
Klejnstrup-Jensen, Poul   342
Kløvedal Reich, Ebbe se Reich, Ebbe Kløvedal
Knap, Henning Højlund   552, 572
Knudsen, Bodil Wieth- Se Wieth-Knudsen, Bodil
Koch, Carl Henrik   171
Koch, Christian Dahlerup se Dahlerup Koch, Christian
Koch, Hal   639
Kofoed, Ole   607
Kolendo, J.   896
Konstantinopoulos, G.   729, 767
Kornerup, Gorm   804
Krabbe, Henning   127, 287, 482
Krag, Eiler   69
Kragelund, A.   76, 155, 209-210, 215-216, 270, 424, 829
Kragelund Patrick   189, 261, 312

Kragh, Helge   1038
Krarup, Per   1, 72, 75, 94, 97, 147-148, 152, 181, 214, 282, 286, 294, 386, 435, 464, 483, 508, 530, 640-642, 763, 805, 831
Kristensen, Sven Møller se Møller Kristensen, Sven
Kristiansen, Anne-Geske   484
Kristiansen, Erling   1015
Kristoffersen, Hans   685
Krogh, Jette   190
Kromann, Anne   169, 553, 695, 822, 920-921, 922-927, 952
Kromann, Jens Ulrich   451
Kronborg, N. A.   745
Kvium, Christian   696
Kybalová, L.   554
Kyhl, Kirsten   780
Kaasgaard, Annelise   537

Lactantius   244
Lamarová, M.   554
Landström, Bjørn   509
Lange, Julius   830
Lange, Thor   326, 345
Langkjær, Erik   292
Langwitz Smith, Ole se Smith, Ole Langwitz
Lanza, Michele   642
Lapper, Ivan   588
Larsen, Bent Dalsgaard se Dalsgaard Larsen, Bent
Larsen, Bjarne   964
Larsen, Dianne Frost se Frost Larsen, Dianne
Larsen, Ellen   969
Larsen, Holger   485
Larsen, Mihail   824
Larsen, Per Bjørn se Bjørn Larsen, Per
Larsen, Signe Holm- se Holm-Larsen, Signe
Lashbrook, Austin M.   625
Lauridsen, Preben Stuer se Stuer Lauridsen, Preben
Lauring, Palle   526, 821
Leisner-Jensen, Mogens   150
Levick, Barbara   653

Lewinsohn, Richard   555
Licht, Kjeld De Fine se De Fine Licht, Kjeld
Lie, Berit   506
Life (forlag)   513
Liisberg, Henrik Bering   470
Lindegård Hjorth, Poul se Hjorth, Poul Lindegård
Lindhardt, Jan   466, 1000
Lindhardt, P. G.   697
Lindinger, Harry C.   820, 838
Lindtner, Niels Chr.   476, 488
Lintott, Andrew William   652
Liversage, Toni   556
Livius   17, 36, 61-62, 245
Lolli, Ettore   640, 749
L'Orange, H. P.   831, 844
Lorenzo, Elio Acunto-De se Acunto-De Lorenzo, Elio
Ludvigsen, Chr.   460
Lukian   69, 93
Lund, Allan A.   98, 142, 163-164, 251, 334-339, 343, 510
Lund, Erik   511, 1016
Lund, John   615, 984-985
Lundbak, Henrik   698
Lundø, Jørgen   827
Luplau Janssen, C.   508
Lyngby Jepsen, Hans   526
Lynton, Norbert   834
Læssøe, Jørgen   957, 968, 981-982
Løffler, Martin   538

Macaulay, David   832
Macintyre, Donald   512
Macmullen, Ramsay   634, 711
Madsen, Aksel Damsgaard- se Damsgaard-Madsen, Aksel
Madsen, Ane Munk- se Munk-Madsen, Ane
Madsen, Dorith   764
Madsen, Ellen A.   107, 125, 986
Madsen, Erik H.   122-125
Madsen, H. Juul se Juul Madsen, H.
Madsen, Karen Nørskov se Nørskov Madsen, Karen

Madsen, Lene Marie Hauschultz se Hauschultz Madsen, Lene Marie
Madsen, Peter   132
Marchetti, Patrick.   931
Marcus, Aage   1011
Marcus Aurelius   70, 78, 93
Marstal, Povl   505
Martial   41, 66, 93, 97
Mathiasen, Karin   861
Maule, Erik Fox   208, 217, 403, 425, 443
Mazzarino, Santo   643
Meiggs, Russel   592
Meisner, Povl   987
Mejer, Jørgen   129, 234, 1017
Menander   249
Meyer, Jørgen Christian   801, 806
Mikkelsen, Kr.   444
Millar, Fergus   632
Moe, Bjørn   71
Moesgaard, Kristian Peder   311
Mogensen, Else   616, 906
Moltesen, Mette   605, 613, 615, 617-618, 622-623, 689, 713, 752, 808, 876, 880-882, 907, 951, 984-985, 996
Mondrup, Georg   1
Montgomery, Bernard   516
Montgomery of Alamein se Montgomery, Bernard
Moreno, Paolo   883
Morsing, Torkil   1039
Mortensen, Bent   165
Mortensen, Ole Willum se Willum Mortensen, Ole
Morton, H. V.   807-808
Morus se Lewinsohn, Richard
Moscati, Sabatino   766
Mossé, Claude   580, 591
Moth, Matthias   254
Mougdad, Soleyman   748
Munch, P.   517
Munk, Poul   607
Munk Hansen, Hans   856
Munk-Madsen, Ane   1021

Munk Olsen, Birger   367
Munro, Eleanor C.   834
Mygind, Holger   777
Müller, A.W. Herløv- se Herløv-Müller, A.W.
Müller, Wolf-Gerhard   1020
Mylonas, George E.   583
Mølbjerg, Hans   93, 557
Møller, A. Thrue- se Thrue-Møller, A.
Møller, E. Schelde- se Schelde-Møller, E.
Møller, Flemming Quist se Quist Møller, Flemming
Møller, J. Fabricius se Fabricius-Møller, J.
Møller, Kaia   642
Møller, Marianne   114
Møller, Niels   101, 106, 327
Møller, Per Stig   3
Møller Jensen, Brian   143, 179, 355
Møller Kristensen, Sven   91
Møller Nielsen, Kai   229-230
Mønsted, Ulrich   202
Mørch, Arne   853
Mørkholm, Otto   134, 486, 558, 585-586, 928, 929-932, 933-946
Maaløe, Niels   584, 763
Maarbjerg, Jens   506

Nairac, Rosemonde   764
Namer, Jørn   386a, 672, 778
Nelleman, George   1050
Nepos   36, 62, 250-251
Nielsen, Anne Marie   605, 613, 615, 617-618, 622-623, 689, 713, 876, 951, 984-985, 996
Nielsen, Anne Ørum- se Ørum-Nielsen, Anne
Nielsen, Erik Bach- se Bach-Nielsen, Erik
Nielsen, Flemming Steen   171
Nielsen, Harald   1048
Nielsen, Henning Dehn- se Dehn-Nielsen, Henning
Nielsen, Inge   753
Nielsen, Julius   159

Nielsen, Jørgen Wendt se Wendt Nielsen, Jørgen
Nielsen, Jørn Ørum- se Ørum-Nielsen, Jørn
Nielsen, K. V.   170, 631
Nielsen, Kai Møller se Møller Nielsen, Kai
Nielsen, Kaj   467
Nielsen, Karl   94, 181, 240
Nielsen, Kjeld Prindal- se Prindal-Nielsen, Kjeld
Nielsen, Nanna Westergaard- se Westergaard-Nielsen, Nanna
Nielsen, Palle W.   96, 98, 103, 105, 108, 123, 125, 182, 195, 250, 268, 273, 281, 318, 328-329, 336, 462, 479, 481, 483, 496, 657, 668, 801, 822
Nielsen, Valdemar   426
Nilsson, Ruth   559
Nisbet Wilson, John se Wilson, John Nisbet
Nisbeth, Henrik   96, 699
Noes, Per Ivar   644
Nord, Inger   988
Norrie, Michael   369
Norsbo, Elise   833
Norwich, John Julius   852
Nymann, Aage   69
Nyord, Peter   468
Nyrop Christensen, Karen   807
Næss, Arne   1021
Nøjgaard, Morten   427, 469
Nørregaard, Kaj   549
Nørskov Madsen, Karen   730

Okkels, Mia   450
Olesen, Karsten   354
Olsen, Birger Munk se Munk Olsen, Birger
Olsen, Jens Henrik   1022
Olsen, Karen   113
Olsson, Lennart   854
Ostenfeld, E.   347, 349
Ovid   44-46, 78, 80, 93, 97-98, 104, 253-256

Pagelskov, Poul Marinus   645, 700

Pagh, Annette   450
Paldam, Anne Louise   234
Paludan, Elisabeth   426
Paludan, Helge   505
Paludan, Kirsten   505
Partridge, Burgo   560
Paulli, V.   430
Paulus   964
Pauwels, Louis   587
Pedersen, Carlo M.   124
Pedersen, Fritz Saaby se Saaby Pedersen, Fritz
Pedersen, Jens   113
Pedersen, Kirsten Helle   720
Pedersen, Niels Henrik   701
Pedersen, Niels Jørgen Green- se Green-Pedersen, Niels Jørgen
Pedersen, Olaf   310, 561, 1040
Pedersen, Poul   690, 825
Pedersen, Stig Andur   171
Pedersen, Troels Engberg- se Engberg-Pedersen, Troels
Pendrup, Hans   604
Petersen, Bernhard   444
Petersen, Erik   230
Petersen, Finn Tommy   428
Petersen, Kai   506
Petersen, Ole Stender- se Stender-Petersen, Ole
Petersen, Tommy   98
Petronius   104, 267-268
Pevsner, Nikolaus   854
Philipsen, H. P.   430
Pihl, Mogens   1016
Pinborg, Jan   139, 242, 1018
Pindar   93
Pindborg, J. J.   1048
Pio, Palle   780
Platon   67, 70, 73, 78-79, 92, 99, 104, 273-274, 279-282, 284-286, 410, 964, 970, 1023
Plautus   36, 47, 68, 93, 100, 104, 296, 298-299
Plinius den Yngre   26, 48, 52, 303-305

Plinius den Ældre   306
Plotin   78, 964, 970
Ploug, Gunhild   812
Plutarch   36, 62, 92
Pognon, Edmond   537
Polyb   76
Poulsen, Asger   964
Poulsen, Erik   562, 731, 779
Poulsen, Vagn   828, 886-887, 908, 954-955
Powell, Anton   588
Preisler, Børge   509
Prindal-Nielsen, Kjeld   814, 855, 1041
Properts   26, 66, 97-98
Prytz Johansen, J.   969
Pullich, Frits   989-990
Paananen, Unto   313

Quist Møller, Flemming   123

Ragn Jensen, HanneMarie   821
Ramsing, Bob   746
Rantzau, Paul   1042
Raphaelsen, Jørgen   595
Rasmussen, Bodil Bundgaard se Bundgaard Rasmussen, Bodil
Rasmussen, Erik   133, 279
Rasmussen, Knud   499, 506
Rasmussen, Steffen Gottschalck se Gottschalck Rasmussen, Steffen
Rasmussen, Ulla   564
Rasmussen, Victor   805
Rathje, Anette   753
Ravn, H. H.   1043
Ravnbøl, Ulrich   747, 791
Rawson, Elisabeth   619
Reich, Ebbe Kløvedal   991-992
Reimers, Gerd   470
Renouard, Allan   363
Resi, Heid Gjostein   753
Riemann Hansen, Laust   527

Riis, P. J.   382, 812, 835
Riising, Anne   527
Risum, Janne   487
Roberts, Helle Salskov   563, 611, 620, 666, 702, 728, 822, 885, 956
Robinson Hands, Arthur se Hands, Arthur Robinson
Rohde, H. P.   109
Rohde, Peter P.   471, 589, 732-733, 809
Rose, Eleonora   642
Rosenberg, C. M.   305
Rosenberg, Walt   253, 255
Rosenkilde, Volmer   194
Rosing, Johan S.   507
Roskjær, Th.   425, 443
Ross Taylor, Lily se Taylor, Lily Ross
Rostovtzeff, M.   590, 648
Rostrup Bøyesen, Lars   834
Rud, Mogens   973
Rude, Poul   722
Rudorff, Raymond   834
Rughede, Ole D.   452
Rübner Jørgensen, Kaare   836
Ræder, Hans   281, 287
Røhr, Anders   499, 506
Rømhild, Lars P.   68
Rønne, Niels Børge   947
Rørbech, Hans   1038
Raasted, Jørgen   393, 454

Saccio, Peter C.   497
Sadolin, Ebbe   450
Sallust   53
Salomonsen, Børge   993
Salskov Roberts, Helle se Roberts, Helle Salskov
Salto, Axel   212, 219, 255, 967
Salway, Peter   633
Samhaber, Ernst   518
Samuel, Alan E.   558

Sandberg, Finn   564
Sandvej, Knud   506, 1035
Sapfo   78, 91, 93, 104
Saxild, Georg   167
Saxtorph, Johan William   506
Saxtorph, Niels M.   170, 245, 519, 649, 650, 704, 835
Scharling, Carl Immanuel   969
Schartau, Bjarne   394
Schelde-Møller, E.   1044
Schmidt, J. Boisen   514
Schreiner, Johan Henrik   134
Schultz, Brita   621
Schulz, Eberhard   520
Schuré, Edouard   994
Schyberg, Frederik   472
Schønnemann, Annelise   826
Seaby, H. A.   921
Sear, David R.   920
Secher, Ole   888
Seedorff, Hans Hartvig   780
Seneca   55, 78, 104, 315, 318-319, 970
Senholt, Leif   433, 438
Shapiro, Irwin   497
Sherk, Robert K.   383
Sherwin-White, A. N.   659
Simonsen, Andreas   273, 409, 1024
Sjølin, Axel   526
Skafte Jensen, Minna   191, 225, 231
Skov, Gert Ernst   750
Skovgaard-Hansen, Michael   322
Skovmand, Bente   137, 291
Skydsgaard, Jens Erik   156, 173, 245, 304, 344, 356, 383, 387, 521, 565, 591-592, 640, 648, 651-654, 655-658, 673, 703, 705, 706-710, 734-736, 777, 781-783, 812, 857
Slente, Finn   1033
Sløk, Johannes   295, 1016, 1025
Smith, Hanne   314

Smith, Ole Langwitz   226, 349, 351, 457, 640
Snorrason, E.   1046
Sofokles   78, 93, 99, 101, 326-330
Solon   104
Sonne, Jørgen   506
Spanggaard, Kirsten D.   587
Staël-Holstein, Anne Louise Germaine   473
Stangerup, Hakon   79, 476, 488
Steen, Erik   810
Steensen, R. Steen   512
Steenstrup, Poul   588
Stefánsson, Finn   970
Steffensen, Finn Erik   659, 711, 714, 720-721, 782
Steffensen, James L.   497
Steining, Jørgen   517, 529
Stenbæk, Morten   674
Stender-Petersen, Ole   522
Stenkov, Ove   370
Strehle, Aksel   444, 517, 530
Strong, Donald   837
Struwe, Kamma   504
Strøm, Ingrid   593, 761, 770
Stubbe Østergaard, Jan se Østergaard, Jan Stubbe
Stuer Lauridsen, Preben   532
Stybe, Svend Erik   292, 1026
Stybe, Vibeke   474
Sunesen, Ebbe   539, 549
Svendsen, John   498
Svendsen, P. J.   196
Sveton   56-59, 332-333
Søby Christensen, Arne   723
Søgaard, Knud   576
Sørensen, Asger   970
Sørensen, Gert   234
Sørensen, K. Grue- se Grue-Sørensen, K.
Sørensen, Lone Wriedt se Wriedt Sørensen, Lone
Sørensen, Preben Steen   117, 143, 198, 271, 275, 301, 308, 334, 357, 365, 371, 750

Sørensen, Villy   319, 323
Saaby Pedersen, Fritz   177, 262, 384, 388, 475, 533, 676
Saabye, E. J.   523

Tacitus   60, 335-336
Tamm, Ditlev   675
Tang, Jesper   263
Tarella, Anna   838
Taylor, Lily Ross   673
Teislev, Rich.   717
Terents   93, 99-100, 345
Terkelsen, Peter   301
Theofrast   346
Theokrit   93, 104
Thielst, Peter   1027
Thiis-Evensen, Thomas   844
Thomasen, Anne-Liese   115, 909
Thompson, E. A.   491
Thomsen, Chr.   375
Thomsen, Henrik   1028
Thomsen, Johannes   166, 249, 348, 494
Thomsen, K. Bæk se Bæk Thomsen, K.
Thomsen, Mogens   1049
Thomsen, Niels   660, 958
Thomsen, Ole   128, 233, 245, 271-272, 1029
Thomsen, Rudi   524, 527, 602-603, 661
Thorsell, Lennart   559
Thranholm, Mads   227
Thrue-Møller, A.   530
Thukydid   76, 95, 104
Thulstrup, Marie Mikulová   995, 1030
Thulstrup, Niels   70, 73
Tibul   26, 66, 97-98
Tidner, Erik   443
Timmers, J. J. M.   799
Topsøe, Soffy   808
Torresin, AnneMarie   117

Torresin, Giuseppe   117, 143, 192, 198, 241, 271, 275, 300-301,
                      308, 334, 357, 365, 371, 750
Tortzen, Chr. Gorm   243
Trajan   26, 48
Traustedt, Poul Henning   476, 488, 503, 826, 1028
Trolle, Steffen   566, 788-789, 1050
Truelsen, Hugo   1006
Tschuriloff, Flemming   574
Tvarnø, Henrik   714
Tønsberg, Jeppe   858-859

Uhre Fenger, Thomas se Fenger, Thomas Uhre
Utile Dulci's teaterkreds (gruppe)   297

Vadnai, Susanna   811
Wagner, Peter   567-568
Wahlgren, Bengt   439
Valck, G.   254
Waldeck, Peter H.   1031
Van Der Heyden, A. se Heyden, A. Van Der
Vanags, Patricia   588, 784
Vanggaard, Jens   648, 965
Vanggaard, Thorkil   569
Vasa Jensen, John   964
Wassileffsky, Ninna   148
Watson, G. R.   704
Webster, Graham   649
Vedel, Jon   570
Weigelt, Peter   976
Wein, Martin   525
Wendt Nielsen, Jørgen   350
Wentinck, Charles   830, 839
Vergil   63-65, 68, 78, 93, 97, 99, 104, 358
Vernant, Jean-Pierre   621
Westergaard-Nielsen, Nanna   739
Westmann, Karen   207
Weston, Verity   631
Vetlesen, Ole Hjordt- se Hjordt-Vetlesen, Ole

White, A. N. Sherwin se Sherwin-White, A. N.
Wiemann Eriksen, August   676
Wieth-Knudsen, Bodil   896
Will, Edouard   580, 585, 591
Willum Mortensen, Ole   204
Willumsen, Mogens   364
Wilson, John Nisbet   705
Wilster, Christian   208-209, 211, 215, 217-218, 228
Vind, Annette   442
Vinding, Ole   662
Wineken, A.   663
Winge, Mette   465
Winther, Jens   3, 505
Wistrand, Erik   656
Witt-Hansen, Johannes   1032
Vogt, Joseph   565
Wolf, Joseph Georg   664
Von Fritz, Kurt se Fritz, Kurt Von
Worm, Erik   712
Wriedt Sørensen, Lone   622, 907, 996
Wyller, Egil   293

Xenofon   67, 76, 370, 372, 374

Zahle, Jan   815, 840-841, 885, 950

Ørberg, H. H.   268, 296
Ørsted, Peter   149, 313, 495-496, 571, 664, 677, 713-714, 737
Ørum-Nielsen, Anne   748
Ørum-Nielsen, Jørn   748
Østbye, P.   101, 181
Østergaard, Carl V.   211, 218
Østergaard, Jan Stubbe   340, 623, 801, 952
Østergaard, Ulf   167, 422, 572

Åkerström-Hougen, Gunilla   624
Aalkjær, Vilhelm   430
Århem, Torsten   811

STIKORDSREGISTER
(som tillæg til systematikken)

accent   453
Acharnerne   122
Achilles Tatius   480
Acilia   752
Actium   924
Actæon   255
adaeration   683
adoptivkejsere   927
Aeneas   766
Aeneiden   359-364
Afghanistan   935
Afrika   644
Afrodite   314, 991-992
Agamemnon   71, 106
agrarkultur   976
Agricola   334
Agrippa   874
Aischylos   109, 391, 393-394
Akropolis   579, 744-745, 747
Alexander den Store   577, 933, 943
Alexander-mønt   928
Alexandria   910
Alkestis   179
allegorier   198
Almagest   310-311
Amor og Psyche   116, 438
Amfitryon   296-297
Amores   252
Anaxagoras   1017
Anaximander   1017
Anaximenes 1017
2. årh. e. kr.   649, 858-859
Andria   345
Annaler   269
anthesteriefesten   987
Antigone   326-328
Antiksamlingen 953, 956

Antiochia 941
Antisthenes 112
Antonius 17, 871
antropomorfisme 1004
Apicius 114-115
Apollon 557, 944
Apuleius 110, 117
Ara Pacis Augustae 913, 918
arbejderbilleder 538
Archilochos 118, 120-121
arena 692
areopagosrådet 600
Argonautica 360
argumentationer 1010
Aristofanes 127-128
Aristoteles 130-132, 134-139, 242, 290, 292, 465, 468, 1009, 1031
arkitektur 306, 773, 826
Arles 845
arrestationer 110
Ars Poetica 468
arulae 863
Asklepios 888, 1014, 1050
astronomi 1038
ateisme 1023
Athen 477, 535, 575, 595-598, 601, 605, 608, 610-611, 613, 615, 933
atimistraffen 597-598
atlas 499, 502, 507
Atticus 49-51
Atticus' liv og levned 251
Augustus 56, 239, 264, 332-333, 638, 662, 666, 913, 918
Aulularia 302

bacchanalieaffæren 979-980
Bacchus 573
bade 777, 848
badekar 786

Bahrain 938
Bakchanter 101
barbarer 510
barneportrætter 876
beboelseshøje 770
Bellum Jugurthinum 312
bibliografier 1, 128, 192, 241, 300, 397, 572, 720
biblioteker 858-859
bier 365
billedtyper 841
biografier 490
boghandel 392
boliger 850
Borgerkrigen 28
breve 26, 39, 48-52, 55, 89, 316
brevskrivning 489
brevveksling 80, 305
bronze 874
bronzealder 593
bronzehank 903
bronzerelieffer 873
bronzestatuer 864
bronzestatuetter 883
Brutus 150
brød 695
bygninger 844
bykultur 976
byplaner 773, 849
byplanlægning 832
byporte 814
bystater 487, 933
bøg 567
bøger 389-390, 392
bønder 698
børn 605, 613, 617-618, 623, 689, 713, 876, 951, 984-985, 996
børnebegravelser 622, 689
børnelege 615
børneofringer 996

Caligula   332-333, 636, 662
Campanien   781
Cassius   922
Catilina   13-16, 53, 88
Cato den Ældre   25, 712
Catul   142-144, 243
Cena Trimalchionis   268
Charikleia   193
Cicero   17, 145-146, 149, 151, 154-156, 294, 674, 872
citater   77, 109, 153, 168
civilisation   976
Claudius   332-333, 628
Clodiusskandalen   655
Columella   357, 712
comitia centuriata   674
Constantius II   877
Curculio   298
Cæsar   57, 160-167, 169-170, 332-333, 662, 878

De bello civili   29
De bello gallico   157, 162, 165-166
De legibus   145
De natura deorum   146
De re coquinaria   114
De re publica   23, 147, 149, 674
De re rustica   356
De septem Romanorum regibus   438
Demeterhymnen   970, 977
Demetrius Triclinius   391, 393-394
demokrati   578, 596
Demokrit   171, 1009, 1017
Demosthenes   172, 174
diagnoselatin   417
diathese   404
Dido   364
diftongering   427
digte   11-12, 26, 118, 141
digtere   392, 494

Diogenes Laertios   175
Dionysos   477, 557, 750
doktorlatin   430
dokumenter   383
domfældelse   284
Domitian   332-333
dragtformer   562
drama   482
dramaturgi   457
drikke   690
drikkeskåle   908
dualisme   322
dynasti   644
Dædalus   587
død   17, 284, 316, 802
dødekult   987
dårskab   107

efterår   706
Egnatius   144
eisangelia   594
Ekko og Narcissus   258-259
Elegiae   350
elegier   66, 98, 353, 484
Elektra   180
elfenbensfigurer   892
elite   291
Elskovskunsten   253
embedsuddannelse   533
Emesa   940
Empedokles   176, 1017
Endoios   875
England   633
Enneaderne   468
Ennius   177
Epidemiae   204
epigrammer   66, 247, 377
epik   475

Epikur 178
epikuræerne 146
epistulae 39, 52
Epoder 237
epos 483
erhverv 535, 611, 623
erhvervsliv 778
eroticon 69
erotik 555
etik 70, 112, 557, 1020
etnografer 163, 342
Etrurien 735
etruskerne 500, 513-514, 554, 726, 728, 730, 770, 954, 1039
Euhemerus 177
Eunuchus 100
Euripides 183
Euterpe 196

fabler 45, 66, 188-192, 469, 474
Faidon 276-277, 284-286
Faidros 278, 285
Faistos-skiven 452
falkejagt 624
fallos 569
familiemønstre 556
Fasti 46
fattigdom 349, 351
Faustinus 386
5. årh. f. kr. 107, 591, 598, 611, 613, 849
fester 778, 783, 965
figurstil 830
Filerimos Ialisos 729
Filip den Anden 739-740
Filodem 187
filologi 261
filosoffer 73, 137, 865, 1007, 1017, 1027
filosofi 175, 321
filosofihistorie 293

finansadministration   680
finanssystem   683
4. årh. f. kr.   580, 594-596, 598, 600-601, 608, 613, 683
flåde   687
flådeafdelinger   384
folk   625
folkedomstolen   594-596
folkeforsamlinger   596
fontæner   807
forbrændinger   1049
fordomme   343
forfatninger   596
Forfølgernes død   244
forkyndelse   1024
formlære   403, 405, 425, 444
fornøjelser   778
forrådskar   895
forsorg   571
Forsvarstalen   284
Fortunata   269
Forum Romanum   385, 793, 801-802, 809
Forvandlingerne   254
fred   26
Freden   125
fredsalter   913, 918
fritid   55
furor   363
Fædrus   188-192, 474
fællesskab   137
fødsler   617
fønikerne   996
førkapitalisme   701
1. årh. e. kr.   649, 694
1. årh. f. kr.   494

Galba   332-333
Gallerkrigen   30-31, 80, 87, 157-161, 164
gaver   892
geometrisk tid   742

germanere 343, 510
Germania 335, 338
Germanien 336, 342
gladiatorkampe 700
gnosticisme 968, 995
godhed 107
Gorgias 274
Gracchus, Gaius 36, 62, 645
Gracchus, Tiberius 36, 62, 645
grammatik 432, 435
grave 739, 742, 817
gravepigrammer 379-380
gravfolk 787
gravfund 740
gravgods 667
gravplader 787
gravpladser 769, 825
gravrelieffer 885
grundlæggelse 806
græcitet 582, 974
Grækenland 725, 983
Den guddommelige Augustus' død 60
gudebørn 985
guder 146, 950, 961, 967, 973
gudinder 862, 907
guerilla 522
guld 667
guldalderen 94
Det gyldne æsel 116
gynaikonitis 614
gæld 696
gældsslaveri 696

Hadrian 492, 662
Halikarnassos 825
handel 546, 785

handelsskibe   509
hane   1014
Hannibal   250
harpiksvin   609
Harpyiemonumentet   815
haruspices   988
hedenskab   717
heksameterdigte   230
hellenisme   962, 964, 969, 975, 978, 989, 993, 1026
helligsteder   986
helte   967, 973
heltebørn   985
hemmeligheder   794
Herakles   883, 976
Heraklit   1009, 1017
De Hermetiske skrifter   964
Herodots historie   195-196
Hesiod   120, 199-200, 203
Himmelbjerget   983
Hippodamos fra Milet   849
Hippokrates   204, 1050
Hippolytos   181
Historia Augusta   206
Historiae   340
historie   61
historiefilosofi   496
historieskrivning   486, 496
historietænkning   1022
historikere   76, 481, 491
Homer   221, 227, 230-231, 483
homo-mensura-sætning   309
Horats   234, 237-241, 465, 468
hulebilledet   73
humanisme   565
humanister   323
husbyggeri   778
huse   753, 850
hustruer   862

hygiejne 777
Hymnen til Demeter se Demeterhymnen
hymner 207
hypokaustum 1041
hær 631, 644, 649
hærførere 170

idehistorie 1011, 1016, 1026
ideologi 635
Ifigenia i Aulis 182-183
ikonografi 816
Iliaden 208-214, 228-229
illustrationer 889
imperialisme 646, 654
Imperium Romanum 716, 810
indskrifter 52, 118, 378, 384-388
Indtægtskilder 372
infinitiv 415
inflation 553
Italien 724

jamber 38
Jamblichos 242
Den jugurthinske krig 33, 42, 83
Julianus 662
Jupiter-fatum 369
jura 531
justitia 149
jødedom 962
jøder 636

kalendere 558, 630
Kallimachos 243
Kamiros 729
kamplege 459
Karaktéres 346
karakterkomedier 487
kasus 409

katakomber 679
kataloger 951
kategorier 139, 307
kategorilære 1001
Kejser Konstantins oprindelse 244
kejserdømme 635, 647
kejsere 867, 869
kejserfamilier 816
kejserportrætter 865, 877, 887
kejsertiden 72, 671, 687, 914, 958
keltere 510
kentaurkamp 557
keramik 894
kirkehistorie 716, 718, 722, 959
kistegrave 741
klassekamp 621
klassesamfund 714
Kleon 352
Kleopatra 871
Klio 481
klædedragt 539, 549
klæder 562, 681
kogebog 113, 115
kollyrier 1048
kolonier 653
Kolosseum 804, 842, 923
komedier 100, 249, 299, 455, 471
kommunalvalg 671
Kong Ødipus 329
kongedømmer 933
Konstantin den Store 639, 662
korer 744
Korinth 535
kornel 568
Kos 205
krater 893
kredit 696
Kreta 500, 554, 576, 587, 817

krige 26, 95, 768
krigere 514
krigsfolk 519
krigsførelse 516
krigsskibe 509, 512
kristendom 715, 1030-1031
kristenforfølgelse 720-721, 723
Kriton 284, 286
kronologi 558
kult 984, 996
kultidræt 566
kultmenigheder 750
kultsted 751, 766
kulturskifte 709
kunst 779
kunsthistorie 306
kunstnere 514
kursted 751
kvindefest 903
kvinder 534, 541-542, 544, 556, 559, 563, 611, 666, 678
Kvindernes oprør 123-124
kvinderoller 559
kylix 890
Kyropaedien 371
kærlighed 299, 540
købekraft 550
Køln 731
kønsideologi 1027
kønsroller 556

landarbejde 624
landbrug 694, 706-708
landsforvisning 603
Lapis niger 385
lediggang 55
legerne 825
letbeton 855
Leukippe og Klitophon 480

Lex Julia 666
Lex Malacitana 677
Lex Salpensana 677
Lex Thoria 672
Lilleasien 653, 944
Litteratur 824
litteraturkritik 347
liv 802
Livius 495
livsholdninger 1024
logik 112, 135
lokalsamfund 776
Longinos 468
Lovene 1023
Lucilius 55
Lykien 841
Lykurg 92
Lysippos 883
Lysistrate 71, 123-124
lægegud 1050
lægekunst 916, 1050
læger 1050
løver 188

mad 690-691
Makedonien 740
malerier 775, 817, 826
malerkunst 306, 833
mandssamfund 1027
Marcus Aurelius 662, 927
marmor 874
marmorskulptur 306
Martial 246-247
Martianus Capella 248
matematik 1034, 1037, 1040
mausolæum 754-755
Maximinus 627

Medea 184-185
Melissos 1017
Menander 487
Mennesketyper 346
Menon 286
Metamorphoser 46, 254-255, 257, 262
metodevalg 289
metrik 317
metrum 453
middag 246
middellevetid 563
Miles Gloriosus 300
militærhistorie 650
Milo 17
mineforpagtere 608
Minos 818
Mirabilia Urbis Romae 800
Mithraskulten 957
Mnesiepes 119
mod 1008
mode 554
modus 409
monisme 322
Monumentum Ancyranum 43, 80
morfemanalyse 398-399
morfologi 395, 431-432
moselig 339
motiver 362-363, 796
muser 368
Mykene 500, 554, 583
Mykonos 895
mysterieindvielse 966
mysteriereligioner 968
mystik 995
mytebegrebet 201
myter 976
mænd 678, 925
mønter 550, 775, 911, 924-926, 936-937, 945-947

møntfund 915
møntkunst 916
møntprægning 929
møntskat 938

nattevagter 109
Naturalis Historia 306
naturbeskrivelse 1040
naturkatastrofer 914, 917
naturvidenskab 1023
naturvidenskabsmænd 1033, 1035
Nemesis fra Rhamnous 881
Nero 58, 323, 332-333, 662
nomotheter 596
Numidien 644

Oder 37-38, 233-234
Odysseen 35, 215-219, 221-224, 226, 228-229
Odysseus 220, 225
Odysseusmyten 227
offerpraksis 754
oldkirken 719
olla 902
olympiade 606-607
Om alderdommen 25
Om digtekunsten 129
Om fromheden 187
Om gudernes natur 73
Om kransen 172
Om lovene 24
Om mildhed 319
Om pligterne 24
Om ridekunsten 370
Om sindsro 319
Om vrede 319
opdagelsesrejser 518
opdragelse 92, 548
opmålinger 879

Orange 845
Orbis Terrarum 684
Orestessagnet 974
Orfeus 994
ostrakisme 602
Otho 332-333
overkommando 22
Ovid 257-259, 262-266

paladser 853
Palatin 801
Pantheon 855
papyrus 389
paradeigmata 214
parergon 396
parfumeflasker 904
Parmenides 176, 275, 1009, 1017
Paros 118
Parthenon 857
Parthien 912
partidannelse 656
Pax christiana 639
Pax romana 639, 665
pelopiderne 960
Peloponnes 786
pengevæsen 547
Pergamon 928
Peri Hupsous 468
Perikles 134
Persa 100
Persius 266
personalexekution 696
personifikationer 198
personskildringer 320
Petronius 270-271
Petrus Valvomeres 110
Phaedra 317
phantasia 136

Philippiske taler   17
Phlyaker-vasen   456
Pigen fra Andros   345
Pigen fra Samos   249
pigeopdragelse   604
piger   563
pillegrav   815
pithos   895
Platon   171, 275-277, 283, 287-295, 468, 994-995, 1009, 1030-1031
platonisme   995
Plautus   297, 302
pligter   26
Plinius den Ældre   712
Plotin   307, 468
poesi   11-12, 37-38, 44-45, 68, 97, 102, 353, 378, 454, 459
Poetik   130-132, 468
polis   138
politik   521, 627, 640, 657-658
politikere   174
Polla   386a
Pomona et vertumnus   256
Pompeius   22, 626, 657, 870
Pompeji   52, 304, 387, 840, 915, 952
Popillius   386a
porfyrfragment   879
porfyrstatue   867
Poroi   372-373
Porta Nigra   814
portrætter   869-872, 874
potteskår   603
Pozzuoli   785
principat   661
privatborgere   487
problemer   1010, 1021
produktion   701
produktionsmåde   572
Prometheus   101, 108, 976
propaganda   822, 924

Properts 308
proportionsstudier 879
prosa 68, 103
prostitution 535
Protagoras 92, 280, 309
Provence 845-846
provins 765
provinsadministration 677
provinsby 782
præfixer 428
psykologi 1011
Ptolemaios 311
Ptolemærerkonger 942
De puniske krige 32, 42, 82
Pyramus og Thisbe 263
Pythagoras 994, 1017
pythagoræerne 1012
pædagoger 616
pædagogik 688

Quintus Cicero 50

Rayethovedet 875
recitation 492
regnekunst 1042
religion 627, 778, 1011
religionsfilosofi 73
religionsforfølgelse 979
religionspolitik 636
reproduktion 976
republikken 629, 705
Res publica 468
restaurering 882
Resus 186
retfærdighed 279, 291
retorik 461, 466, 485
retorikundervisning 493
retslære 532

retssager 1006
retsstilling 613
retstaler 173
Rhodosekspeditionen 789
Rom 194, 492-494, 514, 535, 625, 637, 641-642, 648, 682, 842-843, 856, 868, 958, 979, 1031
romermagten 717
romerret 668, 675
Rudens 301
rytme 453
ryttersporer 545

Saalburg 731
sagn 811
Sallust 312-313, 495
samfund 133, 279, 644, 699, 1050
Samia 249
samvittighed 1000
sandsagn 360
Sapfo 314
satirer 39, 238
Satyricon 267, 270-271
scener 487
Scholia 391, 393-394
Sciarra-amazonen 882
Scipio den Yngre 651
Scipio den Ældre 663
Scipios drøm 23, 148
Scriptores Rei Rusticae 712
sejlskibe 523
seleukidemønter 939, 941
semantik 415, 428
semiologi 261
senantikken 624, 698, 831
Seneca 316-317, 320-325, 1029
Septimius Severus 865

Serenus   55
sermones   39
sex   551
sexorgier   560
Sextus Roscius fra Ameria   18-19, 90
sfinx   899
Sicilien   727, 732, 813, 823, 897, 932
silphion   564
sindssygdom   1047
6. årh. f. kr.   611, 904
sjælen   73
skat   697
skilsmisse   542
Skjoldet   202
skolastik   139
skole   623
skolevæsen   693
skrivematerialer   389
skuespil   41, 482
skuespilkunst   458, 472
skulptur   826
skøger   862
skønhed   557
skår   895
slagtoffer   754
slaver   610, 685, 862
slaveri   552, 565, 685-686, 694, 699, 701, 703, 710
slavesamfund   570
slaveselvreproduktion   357
smil   557
Snylteren   299
socialhjælp   571
sofisterne   1031
Sokrates   70, 73, 284, 998, 1006, 1013-1014, 1024, 1031
Sokrates' forsvarstale   273, 286
solbilledet   73
soldater   704, 865

sommer   707
Den sorte Ridder   787
Spanien   677, 737, 925
Sperlonga   386
spillehelvedet   793
sport   612
sportskult   566
sprog   625
sprogbeskrivelse   397-401
sprogfigur   396
sprogfærdighed   420
sproglære   424
spåmænd   1039
Staten   92, 281, 285
statsdannelser   599
statsforfatning   601
statskapitalisme   942
statslære   292
Statslæren   92
statsmænd   26
statstanker   294
stemninger   796
stenalder   593
stenarter   306
stilarter   827
stile   410
stiløvelser   436
stjerneverdenen   1036
stoicisme   1008, 1029
stoikere   1025
storbondegård   624
Den storpralende soldat   36, 47
storskrydere   299
straffeforslag   73
strukturforvandling   831
styreformer   999
stænderkampperiode   696
subærati   919

svaler 851
svindlere 299
svindlerpræster 117
sværd 896, 905
Syditalien 733, 823, 856, 893
sygdom 1050
sygdomsdiagnoser 912
symboler 198
Symposion 282, 285
synd 107
synkretisme 969, 990
syntaks 428, 444
Syracus 912
Syrien 748
Syvende Brev 285
sædelighedsproces 105-106
sølvbægre 909
sølvmønter 919

Tacitus 269, 304, 334, 339-344m 495
tal 1042
talekunst 462
taler 21, 27, 111
talforhold 353
talæstetik 266
tandbehandling 667
Tarent 883
teater 456-457, 460, 463, 467, 470, 477-478, 487, 620, 748, 845
teknik 552
teknikere 1039
tekstilproduktion 702
tekstrekonstruktion 266
Telegonos 222
Telemachos 221-222
tempeldrenge 996
templum 986
tempus 409
teoridannelse 1003

terrakottaaltre   863
terrakottakunst   306, 897
terrakottastatuetter   907
tetradrachme   934, 940
tetrarkerne   860, 866
TG-formationsregler   400
Thales   1015, 1017
Theagenes   193
Theaitetos   283
Thebaiden   889
Theognis   347, 349-351
Theogonien   199-200, 202
thermer   848
Theseus   898
Thesmophoria   963
Thiasos   750
Thukydid   352
Thyestes   318
Thyia   750
Tiberius   332-333, 341, 662
Tibul   353-354
Timaios   285
Timarchos   105
Titus   59, 332-333, 662
Titusbuen   847
De tolv tavlers love   667, 669
Topica   151
Trachalio   301
tradition   1002
tragedier   101, 106, 181, 320-321, 479, 482
Trajan   303, 662, 664
transformativitet   404
Trier   731
Trimalchios middag   272
Triptolemos   898
triumfbuer   846
trivialtragedier   186

tro 958
Troja 95, 576
trældom 682
Trøsteskrift til Marcia 315
tyr 763, 886
tyranner 586
Tyrtaios 355
Tyskland 731
tænkere 1031
tænkning 73, 133, 279, 1002, 1005, 1027, 1034

udbytning 701
uddannelse 611
udgravninger 741, 743, 752, 759
udmøntning 910
Udspringeren 787
udtryk 77
udvandring 705
udødelighed 73
ugler 901
ugudelighed 682
uldspinding 702
undergang 643, 660, 756, 777
undervisningseksempler 142
undervisningsidealer 688
universiteter 561
Uranius Antonius 929
urkristendom 962
usurpator 940
uvirksomhed 55

valensteori 401
Valerianus 869
Valerius Flaccus 360
valgforsamlinger 673
vandforsyning 777-778
varmeanlæg 1041
Varro 356-357, 712
vasebilleder 611, 950

vasemalerier 619, 906
vaser 817
veje 536, 1043
vejvæsen 736
Velleius 146
venetisk 451
Venezia 866
venskab 316
verbalaspekt 406
verbaldistribution 401
verber 428
verdensbilledet 1036
Vergil 360, 363-369, 483, 712
Verres 20
vers 103, 453
versinskriptioner 376
versioner 442, 449
Vespasian 332-333, 638, 662, 677
Vestkreta 765
Vesttyskland 814
Via Clodia 734, 736
vidner 304
villavægge 817
vindyrkning 706, 712
vinter 708
virkelighedsgengivelse 110, 220, 269
Vita Attici 251
Vitellius 332-333
vokalsystem 427
vold 652
vægmaleri 840
Værker og dage 202

Xenofon 371, 373

Zenon 1017

ægteskab   542
ægteskabslovgivning   666
Ægypten   196, 912, 942
Æneiden   63-65, 358
Æsop   474
æstetik   457, 557

Ødipus   330-331
Ødipus i Kolonos   101
øjenmedicin   1048
øjenvidneberetninger   525
økonomi   67, 521, 543, 608, 931

åndsforagt   682
årstider   706-708